Viola Möbius

Detox your life!

Viola Möbius

DETOX YOUR LIFE!

Welche Menschen du in deinem Umfeld haben willst. Und welche nicht!

GABAL

Externe Links wurden bis zum Zeitpunkt der Drucklegung des Buchs geprüft. Auf etwaige Änderungen zu einem späteren Zeitpunkt hat der Verlag keinen Einfluss. Eine Haftung des Verlags ist daher ausgeschlossen.

Bibliografische Information der Deutschen Nationalbibliothek

Die Deutsche Nationalbibliothek verzeichnet diese Publikation in der Deutschen Nationalbibliografie; detaillierte bibliografische Daten sind im Internet über http://dnb.d-nb.de abrufbar.

ISBN 978-3-96739-131-2

Umschlaggestaltung: Tina Mayer-Lockhoff, Berlin
Autorenfoto: Privat
Satz und Layout: Das Herstellungsbüro, Hamburg | www.buch-herstellungsbuero.de
Druck und Bindung: Salzland Druck, Staßfurt

Wir drucken in Deutschland.

www.gabal-verlag.de
www.gabal-magazin.de
www.facebook.com/Gabalbuecher
www.twitter.com/gabalbuecher
www.instagram.com/gabalbuecher

Inhalt

Vorwort von Stefan Aust

Viola und das Ich.

Sie hat sich vom Wir verabschiedet, damals, kurz vor dem Fall der Mauer. Das Ich ist über Prag in die Westdeutsche Botschaft desertiert und von da aus in den Westen. Gerade noch rechtzeitig, denn sonst wäre sie mit dem Wir ins wiedervereinigte Deutschland konvertiert worden.

Sie ist in ihrer Denkweise beim Ich geblieben – auch und gerade zu einer Zeit, in der kollektives Denken wieder in Mode geraten ist. Wahrscheinlich muss man Kriminologin sein, um zu erkennen, dass nicht nur in der Gesellschaft insgesamt, sondern auch im Individuum das größte Problem darin besteht, nicht Mann beziehungsweise Frau selbst zu sein.

In einer Zeit, die geprägt ist von politisch korrekter Angst vor der Apokalypse durch Klimawandel, Pandemie oder sonstige Schrecknisse, zeigt sie einen Weg zurück zur Realität und damit die Verantwortung des Einzelnen für sein Leben. Und die liegt im Bewusstsein des Individuums selbst und in seinem Verhalten sich selbst, seiner Umgebung, seinen Freunden und Feinden gegenüber. Aus dem biblischen »Liebe deinen Nächsten wie dich selbst« leitet sie fundierte Ratschläge zum Lebenswandel und zum Wandel des Lebens ab. Das Ich steht im Vordergrund. Denn ohne das Ich gibt es auch kein Wir. Jeder ist zunächst sich selbst der Nächste, denn wenn er das nicht ist, kann er auch anderen gegenüber nicht der Nächste sein. Wenn beim Ausfall der Belüftung im Flugzeug jeder erst versuchen würde, seinem Sitznachbarn die Sauerstoffmaske auf die Nase zu drücken, wäre er schon ohnmächtig, bevor er den Nachbarn retten kann.

Rückbesinnung auf sich selbst, seine Möglichkeiten, Fähigkeiten, seine Unabhängigkeit, seine persönliche Freiheit und damit auch Verantwortung – das sind die Prinzipien von Violas Buch, ihren Ratschlägen und ihren Workshops. Erst vor der eigenen psychischen Haustür kehren, sich von Belastungen befreien, das Leben wieder selbst in die Hand nehmen. Irgendwie aus der Zeit gefallen – und gerade deshalb so wichtig und damit so zeitgemäß.

Stefan Aust

(Gründer von »Spiegel-TV« und ehemaliger Chefredakteur des *SPIEGEL*, später Mitinhaber des Fernsehsenders N24, Herausgeber der *Welt* und Autor zahlreicher Bücher)

Vom Wert dieses Buches

Wer wünscht sich nicht ein ideales Umfeld, das einen nicht limitiert, blockiert oder gar runterzieht, sondern in dem man sich glücklich fühlt und man selbst sein darf, das einem Energie und Zuspruch gibt und damit die Lebensqualität erheblich steigert? Sicher ist das eine Lebensweise, die die meisten von uns interessiert, die aber nur bei wenigen zu beobachten ist.

Viele zweifeln dann an sich – vielleicht auch du – und glauben, dass sie eben kein Glück haben, dass das Leben halt so ist oder mit ihnen etwas nicht stimmt. Ich sage dir, dass mit dir – bis auf ein paar kleine Macken, die wir alle haben – alles stimmt. Was nicht stimmt, sind deine Muster, der Umfang, in dem du andere deine Lebensweise – meist unbewusst – bestimmen lässt, und dein Qualitätscheck in Bezug auf die Menschen, die dich umgeben.

Schön, dass du *Detox your life! Welche Menschen du in deinem Umfeld haben willst. Und welche nicht!* in den Händen hältst. Dieses Buch zeigt nicht nur die wichtigsten Faktoren auf, auf die das direkte Umfeld Einfluss hat, und welche Rolle dieses Umfeld in deinem Leben spielt, sondern auch alle Motive für ein solches Verhalten – deine eigenen und die deines Umfelds. Du findest die wichtigsten Fragen zum Thema Umfeld, die du dir selbst vielleicht noch nie gestellt hast, die aber Klarheit über die Qualität deines Umfelds bringen, und über die Anforderungen, die für ein gutes Umfeld erfüllt sein müssen.

Zu deinem direkten Umfeld gehören deine Partnerin oder dein Partner, Freunde und entfernter auch die Familie. Vorrangig geht es in diesem Buch um Partner und Freunde – sie sind die Familie, das direkte Umfeld, das du dir selbst ausgesucht hast, und diejenigen, die dich am meisten prägen. Dennoch gelten die Checklisten und Fragen für alle Menschen um dich herum und die, die du noch kennenlernen wirst, um abzuchecken, wo du mit ihnen stehst und ob sie dir guttun. Auch wenn in diesem Buch das Thema Familie nicht im Mittelpunkt steht, werde ich es dennoch streifen, und viele Tipps für einen besseren oder anderen Umgang mit ihr sind ebenso Benefit dieses Buchs wie die Tatsache, dass sich dein Umgang mit Menschen allgemein verändern und verbessern wird.

Ich werde dich anregen, deine eigene Einstellung, deine Glaubenssätze und Handlungsweisen zu reflektieren und zu hinterfragen. Und ich werde es dir gleichzeitig mithilfe von bestmöglichen Ideen, Beispielen, Geschichten, Tipps, probaten Strategien, Übungen und Aufgaben – die sich durch das ganze Buch wie ein roter Faden ziehen – ermöglichen, dein Denken und Handeln zu verändern. Zum einen verrate ich dir Techniken, um dein Umfeld zu erkennen, zu checken und zu selektieren, welche Menschen dir wirklich guttun und welche dir mehr Energie entziehen, als sie dir geben. Zum anderen beantworte ich auch die Fragen, wann es Zeit ist, dass du dich von Menschen verabschieden solltest, und wie du das souverän anpacken kannst. All das soll dir bei der einfachen Umsetzung im Alltag behilflich sein.

Am Ende lautet meine klare Botschaft: Befreie dich von negativen Menschen und docke auch zukünftig nicht mehr an menschlichen Minuspolen an, denn die Folgen sind schlimmer und weitreichender, als du glaubst! Aber vor allem geht es in diesem Buch darum, dass du Klarheit darüber erlangst, wie ein ideales Umfeld aussehen sollte, wie du dir ein solches erschaffen kannst und worauf dein Fokus dabei liegen sollte. Ob dein Umfeld dich limitiert oder hervorhebt – du allein entscheidest, wen du in dein Leben lässt. Selektiere also gut!

Dieses Buch ist dein Universaltool, das dir dafür mit seinen Erklärungen, wissenschaftlichen Tests, Beispielen, Geschichten, Checklisten und ein paar ungewöhnlichen Ansätzen aus der Welt der Kriminologen einen klugen Leitfaden und einen genial einfachen und einfach genialen Kompass bietet, um dein Umfeld und damit auch dein Leben in die gewünschte Richtung lenken zu können. Kurz: Es ist dein zuverlässiges Handbuch für den Check und die Steigerung der Qualität deines Umfelds – und damit verbunden auch die Steigerung der Qualität deines Lebens.

Dieses Buch soll dich darüber hinaus gleichzeitig davon befreien, immer den Erwartungen der anderen entsprechen zu wollen, dich permanent zu regulieren und anzupassen. Stattdessen soll es dich ermuntern, lieber deinem Herzen zu folgen. Ja, es geht also auch ein Stück weit darum, dass du wieder die Kontrolle über dein Leben übernimmst – ein Leben, das dir entspricht. Und wir werden über dich sprechen – über deine Selbstliebe und deinen Selbstwert, die eine enorme Rolle spielen bei der Selektion deines Umfelds.

Apropos Erwartungen: Wenn du wirklich etwas ändern willst, solltest du die größten Erwartungen nicht an mich oder an dein Umfeld haben, sondern an dich selbst!

Natürlich hast du den ersten Schritt auf dem Weg zur Befreiung von negativen, toxischen Menschen oder gar echten Arschlöchern und in Richtung ideales Umfeld schon längst gemacht: Du hast eine Entscheidung getroffen, denn du hast dieses Buch gekauft. Entscheide dich bitte auch dafür, zu glauben, dass ein Detox von menschlichen Minuspolen und die Realisierung eines idealen Umfelds für jeden Menschen erreichbar ist – unabhängig davon, ob du jetzt noch nicht recht weißt, wie das gehen soll, und losgelöst von der Frage, ob dein momentanes Umfeld Energieräuber oder Energiegeber ist. Denn ich will nicht über Schicksal oder Umstände reden, sondern darüber, dass du eine Wahl hast, dich aktiv für dein ideales Umfeld zu entscheiden!

Manches in diesem Buch wird sicher wehtun. Dafür kann ich nichts, ich entferne nur die »Karies«. Die Bonbons, die sie verursacht haben, hast du gelutscht. Und es ist wie beim Zahnarzt: Selbst die Untersuchung ist manchmal schmerzhaft.

Wichtig ist: Verkneife dir nicht das Lachen, während du das Buch liest! (Es wird dir genug Stoff dafür bieten.) Warum? Weil Lachen die Produktion von Dopamin anregt. Das macht uns nicht nur glücklich, sondern Dopamin ist gleichzeitig der »Speicherknopf fürs Gehirn« – also lache & lerne gleichzeitig, denn das Gehirn lernt durch Begeisterung. Bei Kindern ist das eine gängige Strategie: spielend lernen mit Spaß. Vielleicht haben so viele Erwachsene eine regelrechte Lernresistenz entwickelt, weil sie einfach keine Begeisterung und wenig Spaß haben und noch weniger lachen?!

Denke bitte auch daran: Das Buch ist sozusagen nur ein Teil des Ganzen. Um es komplett zu machen, braucht es deinen Einsatz. Das ist wie mit einer Partnerin oder einem Freund: Jeder muss seinen bestmöglichen Teil dazupacken, damit es eine gelungene Sache wird. Ich gebe alles mit diesem Buch, und ich hoffe und wünsche dir, dass du das für deinen Part ebenfalls tust!

Aber ich möchte dich auch warnen: Du hast das Buch sicher gekauft, weil du Klarheit, Tipps oder Lösungen suchst. Oder alles davon. Wenn du glaubst, dass das über Nacht oder innerhalb einer Woche geht, dann ist das Buch nichts für dich. Du bist, wie du bist, weil du denkst und handelst, wie du denkst und handelst. Soll es irgendwie anders oder besser werden, muss vor allem erst mal dein Denken und Handeln anders werden. Das geht nicht (!) von heute auf morgen, und es geht nicht ohne das. Und ja, das ist auch nicht immer ganz leicht. Zu schauen, wen du dir da ins Nest gelegt hast oder wie der Vogel sich entwickelt hat, braucht Ehrlichkeit – ich kann nicht wissen, ob du dazu bereit bist.

Solltest du aber einen schnellen und bequemen Weg zu einer von dir gewünschten Veränderung suchen, kannst du das Buch jetzt noch weglegen; du sparst dadurch Zeit, Denkarbeit und wahrscheinlich ein paar harte Selbsterkenntnisse. Dann kannst du, bevor du das Buch gelesen hast, schon sagen, dass das nichts für dich ist und es dir nicht helfen wird – so machst du das vielleicht öfter. Schenke das Buch dann dem Nachbarn, ist ja eh immer leichter, den anderen die Tipps zu geben, als sie selbst zu befolgen.

Aber wenn du nur irgendeine Hoffnung oder eine leise Ahnung hast, dass du dich der Aufgabe stellen kannst, und wenn du vor allem ein kurzes Glücksgefühl bei dem Gedanken verspürst, wie es sein könnte, wenn du in einem unterstützenden statt zehrenden Umfeld leben würdest, und wenn du außerdem glaubst, dass das für dich möglich sein kann, dann bist du hier goldrichtig!

Selbst wenn nur *eine* positive Erkenntnis für dich dabei herausspringt oder du durch dieses Buch einfach nur wieder aufgerüttelt wirst und etwas mehr Aufmerksamkeit für dich und dein Umfeld hast, dann hat es sich doch schon gelohnt, oder? Und wäre es nicht ein schöner Nebeneffekt des Buchs, wenn du nicht nur zum »Trüffelschwein« bei der Wahl deines idealen Umfelds wirst, sondern wenn du grundsätzlich einen aufmerksameren und wählerischeren »Riecher« bei den Trüffeln des Lebens bekämest?

Na, wie wäre das?

Liebe Grüße
Viola

Gut zu wissen: Wie du den größtmöglichen Nutzen aus dem Buch ziehen kannst

Damit du den größtmöglichen Nutzen aus diesem Buch ziehen kannst, solltest du dich dafür entscheiden, es nicht nur zu lesen und zuzustimmen, sondern aktiv zu werden, etwas zu tun, die Strategien selbst auszuprobieren – das kann ich dir nicht abnehmen. Entscheide dich für eine gewinnbringende Kooperation mit mir!

Vielleicht mag es dir so vorkommen, als sei es recht viel an Fragen, an Wissen, an Denkaufgaben, und auf manches wirst du vielleicht (erst einmal) auch keine Antwort haben. Vielleicht fühlst du dich auch ab und an überfordert. Sollten diese Momente auftauchen, habe ich Folgendes für dich: Ich stelle jetzt einfach mal in den Raum, dass du dich wenig bis gar nicht um das Ausmisten und gute Selektieren deines Umfelds gekümmert hast und dass du dir wenig bis gar nicht die Fragen gestellt hast, die ich dir stellen werde. Wenn es dich beruhigt: Es ist auch einfach nicht möglich, das mit einem *einmaligen* Durchlesen des Buchs nachzuholen (deshalb wirst du später noch einmal meine dringende Empfehlung bekommen, dieses Buch öfter zu lesen, bis du alles »inhaliert und manifestiert« hast) – du kannst nicht sofort mit ein paar Seiten aufholen, was du wahrscheinlich die letzten zehn, 20 oder gar 30 Jahre nicht oder nicht genügend getan hast. Aber wenn du dranbleibst, wird dir das sehr wohl gelingen! Es ist alles eine Frage des Trainings und der Wiederholung.

Apropos 20 oder 30 Jahre ... Was du nicht tun solltest, ist, dieses Buch als eine Challenge zu sehen, nach dem Motto: »Auf Seite eins fange ich an, auf der Hälfte ist Bergfest und auf der letzten Seite weiß ich alles und hab alles geschafft!«

Dieses Buch markiert keine Ziellinie, die du nach dem Lesen der letzten Seite überquerst, um dann zu sagen: »Wow, ich bin angekommen!« Nein, dieses Buch ist der Beginn eines wunderbaren Prozesses, der immer weitergeht, eben weil es ein Prozess ist. Du kannst auch gar nicht ankommen, denn das ist kein Wettlauf oder Sprint, bei dem es einen Endpunkt gibt, sondern das ist eine Lebensart, eine Lebensweise, eine Denk- und Handlungsweise. Das ist kein Programm für die nächsten Tage, sondern für die nächsten Jahre!

Du wirst nicht alles auf einmal umsetzen können – diesen Anspruch solltest du nicht haben und diesen Druck solltest du dir nicht machen. Es ist ein Lebensprogramm, es ist dein zukünftiger Lifestyle, wie du die nächsten 30, 40 oder 50 Jahre leben solltest. Jetzt wirst du dich vielleicht fragen, ob das dann noch aktuell sein wird. Keine Frage, die menschlichen Handlungsweisen sind ständig im Wandel, aber in diesem Buch geht es um die Grundlagen menschlichen Verhaltens – die ändern sich nicht.

Also kein Stress, keine Ziellinie, nichts, was du absolvierst, nichts, wo du einen Haken dranmachst, sondern etwas, was ab jetzt zu deinem Leben gehören sollte. Denn nichts ist schöner, als in deinem Umfeld so sein zu können, wie du bist, und das Leben führen zu können, das du dir vorstellst und das dir entspricht, ja, ein Leben, das mit dir und deinem Innersten vollkommen übereinstimmt und das dein Umfeld nicht nur akzeptiert, sondern im besten Falle noch unterstützt. Das ist Freiheit, das ist Glück, das bedeutet aus meiner Sicht ein erfülltes Leben.

Das Buch ist im Grunde wie ein Puzzle und die einzelnen Kapitel und Seiten sind wie Puzzleteile: Jedes Teil für sich ist wichtig. Und jedes Teil ist notwendig für das Gesamtbild. Und plötzlich passt auch alles zusammen und fühlt sich stimmig an. Denn je klarer wir ein Bild vor Augen haben, umso besser verstehen wir es.

Wenn du dich also wirklich intensiv mit deinem Umfeld befassen willst, lies das gesamte Buch – am besten von vorn nach hinten, Seite für Seite. Ob du das letztlich so angehst oder ob du die Seiten nachschlägst, die für dich die zunächst wichtigsten Fragen beantworten, bestimmst natürlich du. Selbstverständlich bestimmst du auch, wie du mit *#ViolasQuicktipp* umgehst – damit möchte ich dich entweder auf besonders wichtige Dinge noch einmal gesondert hinweisen oder ich gebe sehr persönliche Erfahrungen preis.

Es gibt keinen allgemeingültigen Weg für ein Detox des Umfelds und das Erschaffen eines idealen Lebens, aber dieses Buch beschreibt den besten Weg, den ich kenne. Ich bin vielleicht etwas befangen, aber wenn es um das Thema »direktes Umfeld, Freunde und Partner« geht, ist dieses Buch möglicherweise das wichtigste Buch, das du jemals lesen wirst. Dies ist eine ziemlich gewagte Aussage, aber es ist eine Tatsache, dass dieses Buch das fehlende Bindeglied zwischen deinem direkten Umfeld und deiner Lebensqualität darstellt, die beide von vielen – vielleicht auch von dir – bisher nicht im Zusammenhang gesehen wurden. Sicherlich hast du zum Thema Partnerschaft, Freundschaft, Beziehungen, Glück und Lebensqualität schon andere Bücher, Tipps und Podcasts konsumiert. Aber was ist passiert? Bei den meisten Menschen nicht viel. Ein kurzes Aufflackern und dann weiter im alten Trott.

Endlich gibt es eine Antwort! Denn ich bin überzeugt, dass du die in diesem Buch präsentierten Ideen, Tipps, Methoden und Beispiele interessant und nützlich findest – ganz gleich, welchen Ansatz du als Erstes wählst. Alles davon wird dir Punkt für Punkt Verbesserung bringen und dein Leben positiv verändern.

Wenn du es wirklich ernst meinst, wenn du wirklich dein Denken, deine Emotionen und dein Verhalten ändern willst, wirst du mit einem einmaligen Durchlesen, einem zustimmenden Nicken an manchen Stellen oder mit ein paar Gedanken über den einen oder anderen Satz jedoch nicht weit kommen. Du wirst nämlich nur dann enorme Verbesserungen erzielen, wenn du das Buch zu deiner Gebrauchsanweisung machst, wenn du es studierst, als würde dein Leben davon abhängen, wenn du mitarbeitest, wenn du *Ja* sagst zu einer aktiven Gestaltung deines Umfelds! Denn dieses Buch ist für aktive und selbstreflektierte Menschen, die nicht nur genug gewartet, vergeblich auf andere gehofft und nach deren Erwartungen gelebt haben, sondern die inzwischen auch wissen, dass der Erfolg letztlich in ihrer Hand liegt.

Und du wirst enorme Verbesserungen erzielen, wenn du ahnst, verstehst oder verstehen lernen willst, dass Eigenaktivität gepaart mit Expertenwissen, Investition und Methodik nicht nur der Schlüssel zu einer Steigerung der Qualität deines Umfelds und damit verbunden deines Lebens ist, sondern es ein regelrechtes Upgrade deines Lebens bedeuten kann!

Du glaubst, das geht nicht so einfach? Dann lass dich überraschen!

Drei Sachen noch:

1. **Dieses Buch ist *dein* Buch.** Meine Empfehlung: Das heißt zum einen, dass du es auf keinen Fall jemand anderem geben solltest, denn es ist dein ganz persönliches Exemplar. Es ist dein Freund, dein Helfer, dein Positiv-Mindsetter, dein Werkzeug, dein Kraftgeber und Unterstützer, der dich – wenn du das möchtest – jeden Tag begleitet und dir jeden Tag mit Rat und Tat zur Seite steht. Und das heißt zum anderen, dass du es nicht nur lesen, sondern dass du es in Besitz nehmen und damit arbeiten solltest. Also kritzele es voll, mach Notizen an den Rand, kennzeichne mit einem Marker, male Smileys oder Herzchen, schreib Notizen, Schimpfwörter, einen Namen mit einem Stinkefinger versehen rein oder ein Danke – kurz: Mach es zu deinem Unikat!

2. **Tu nicht gleich alles ab,** was dir zunächst nicht gefällt, vermeintlich nicht zu dir passt oder dir als nicht nützlich erscheint. Das könnte schnell der Fall sein, weil:

   - meine Ideen, Vorschläge, Gedanken, Handlungen außerhalb deiner Bequemzone liegen,
   - du zu 95 Prozent aus Gewohnheiten bestehst,
   - du ganz gern innerhalb deiner engen Denkbox bleibst,

- es um ein Thema geht, um das du dich dringend kümmern müsstest,
- du zig kreative Ausreden hast, wenn es unbequem wird,
- du nicht daran glaubst, dass nur *du* die Macht hast, etwas Derartiges zu schaffen,
- du dich mit Neuem, verrückten Ideen und einem Verhalten außerhalb der Gesellschaftsnorm grundsätzlich schwertust,
- du Selbstzweifel und
- Angst hast oder
- weil du es schon so oder ähnlich (vielleicht halbherzig?) versucht hast und das nichts gebracht hat.

#ViolasQuicktipp: Nimm gerne den Marker und streiche deine persönlichen Punkte an. Mach dieses Buch nicht nur zu deinem Ideen- und Strategiebuch, sondern zu deinem Arbeitsbuch und deinem persönlichen Exemplar.

3. **Machst du eine kleine Übung mit mir vorab?**
Mach bitte, während du den Text hier liest, folgende Übung: Bitte falte deine Hände wie zum Gebet – nein, du sollst nicht beten. Jetzt, da du die Hände gefaltet hast, siehst du, dass deine Daumen übereinanderliegen. Tausche jetzt bitte die Position der Daumen: Der, der unter dem anderen lag, liegt jetzt oben.

Wie fühlt sich das an?

Sicher komisch und ungewohnt. Die Handinnenflächen bleiben zusammen, während du nun leicht deine Finger ausstreckst; mach sie gerade (die Hände sind weiterhin gefaltet). Versetze nun die Finger einfach in den anderen Zwischenraum und falte wieder fest die Hände.

Wie fühlt sich das an?

Sicher auch ungewohnt. Vielleicht empfindest du auch eine kleine Unsicherheit. Es drückt bestimmt zwischen den Fingern. Deine Finger wollen zurück in die Zwischenräume, in denen sie üblicherweise liegen, wenn du die Hände faltest.

Genau so geht es deinem Gehirn! Die ungewohnten Ideen, Denkweisen, Übungen, Strategien in diesem Buch fühlen sich möglicherweise komisch an, ungewohnt. Das nimmst du dann vielleicht als Beweis, dass das Neue, das andere, einfach nicht zu dir passt. Dabei ist es nur eine Frage der Gewohnheit. Das Gehirn folgt dem, was es kennt.

Noch eine Anmerkung:
Aus Gründen der besseren Lesbarkeit wurden von mir entweder männliche oder weibliche Formulierungen gewählt. Dies impliziert keinesfalls eine Benachteiligung des jeweils anderen Geschlechts. Frauen und Männer mögen sich gleichermaßen angesprochen fühlen.

Los geht's!

KAPITEL 1

Das persönliche Umfeld

»Bevor Sie bei sich selbst einen Minderwertigkeitskomplex oder eine Depression diagnostizieren, stellen Sie sicher, dass Sie nicht von Arschlöchern umgeben sind!«

Dieser vermeintlich von Freud stammende Ausspruch würde zu seiner unumwundenen Art passen, mit der er uns wohl mitteilen würde, wie sehr uns unser direktes Umfeld prägt.

Rolle und Einfluss deines Umfelds

Wir sind soziale Wesen und brauchen andere Menschen wie die Luft zum Atmen. Daraus folgt unser starkes Bedürfnis nach Gemeinschaft, Nähe, Freundschaft, Liebe, Austausch, Ergänzung, Entwicklung, Unterstützung, Dankbarkeit, Wertschätzung, nach einem Füreinander und Miteinander. Und nach Vertrauen – denn es gibt zwei Dinge, die uns eine unglaubliche, wenn nicht gar die meiste Kraft verleihen: wenn Menschen uns vertrauen und wenn wir ihnen vertrauen. All das ist absolut notwendig. Nur damit können wir leben. Dafür ist aber nicht die Gesellschaft verantwortlich – die ist zu weit weg –, sondern das direkte persönliche Umfeld.

Die Realität sieht anders aus

Leider sieht die Realität sehr oft anders aus. Denn das direkte Umfeld – wie Partnerin oder Partner, Freunde, Familie – sorgt oft nicht für diese essenziellen Faktoren, sondern ist in Wirklichkeit sehr häufig der Schlüssel zu mangelndem Erfolg, Blockaden, Ängsten und Selbstzweifeln – kurz: das »Übel« im Leben vieler Menschen. So zu sein, wie man ist und sein will, Selbstverwirklichung, ein selbstbestimmtes Leben oder die so wichtige Zeit mit sich allein – all das fällt nur allzu oft dem engen Rahmen zum Opfer, den Regeln und Normen und den Erwartungen, die das direkte Umfeld – ob subtil oder ganz offen – durch Gruppendruck und dem unausgesprochenen »Wir sagen dir, wie du zu leben hast« stellt. Angst vor sozialer Ausgrenzung, Ablehnung und Einsamkeit lässt viele Menschen meist sogar unbewusst in Zurücknahme, in permanenter Abstimmung und Anpassung leben. Ein steiniger Pfad an einem Abhang, an dem nicht nur die eigenen Potenziale und Chancen, sondern auch Lebensträume, Erfüllung und das eigene Ich herunterrutschen. Genauso wie Leidenschaft und Begeisterung für sich selbst und das eigene Leben – kurz: Lebensfreude.

Und mehr, als du ahnst oder dir bewusst ist, hast du zudem auch dein Denken, deine Ansichten, deine Meinungen, deine Überzeugungen, die Normen und die Ziele von deinem Umfeld übernommen und faule Kompromisse geschlossen.

Der extreme Einfluss

Ja, dein Umfeld ist entweder Inspiration oder Zwangsjacke! Umso wichtiger ist es deshalb, dass du es gut selektierst! Denn die Qualität deines Umfelds bestimmt in hohem Maße über die Qualität deines Lebens, über deinen Erfolg und Misserfolg, ja, es übt selbst Einfluss auf deine mentale Gesundheit aus.

Dein Umfeld hat einen bestimmenden Einfluss auf dich und dein Leben. Als Autorin liebe ich Synonyme – sie machen viel klarer, was hinter einem Wort steht, das wir nur allzu oft gebrauchen und dessen wahre Bedeutung uns gar nicht klar ist. Synonyme Begriffe für »Einfluss« sind:

- Einflussnahme
- Einwirkung
- Gewicht
- Berieselung
- Beeinflussung
- Bearbeitung
- Macht

All dem sind wir durch die Einflussnahme unseres Umfeldes ausgesetzt. Die Frage ist nur: Mit welchen Auswirkungen für dich und dein Leben?

Eine kleine Geschichte kann dies verdeutlichen:

Der schönste Tag im Leben

Neulich zappte ich bei einer Programmsuche versehentlich in die TV-Sendung »Tüll & Tränen«. Wie ich das Format finde, möchte ich unkommentiert lassen – für mich zeigt es einfach eine aus dem Leben gegriffene Situation, die klarmacht, inwieweit das Umfeld uns bearbeitet, beeinflusst und damit Macht ausübt.

Die Situation in dieser TV-Reihe ist wohl immer ähnlich: Die zukünftige Braut nimmt mehrere Frauen aus ihrem direkten Umfeld mit in ein Brautmodengeschäft. Diese werden dort wie eine Jury auf die Stühlchen gesetzt und die Braut begibt sich in die Hände der Brautkleidexpertin.

Die angehende Braut folgt dem gängigen Ablauf der Sendung und kommt kurz darauf mit Brautkleidmodell Nr. 1 aus der Umkleide. Sie sieht aber nicht direkt in den Spiegel, um sich selbst erst einmal einen Eindruck zu verschaffen, nein, sie hört und sieht als Erstes die Reaktion der Jury – und unter dem Einfluss dieser Kommentare tritt sie dann erst vor den Spiegel.

Jede Dame aus der Jury hat ihre Meinung kundgetan und ist dabei natürlich von sich ausgegangen – ganz abgesehen von der Tatsache, dass, wenn die Kamera läuft, die meisten Menschen nicht mehr sie selbst sind, sondern hinter einem Seriositätsvorhang verschwinden, hinter dem hervor sie steif und reduziert sprechen und agieren.

Fakt ist: Je mehr Leute, umso mehr Meinungen. Sind sich zwei, drei einig, wird's schnell zur Meinungsmache, bis hin zum »Volksentscheid« – dem fiel auch leider der Favorit der Braut zum Opfer, er wurde ganz subtil madig gemacht und ihr ausgeredet. Sollte das aber nicht das Kleid für den vermeintlich schönsten Tag der Braut sein? Wo waren ihre Begeisterung, ihre überschwängliche Freude, ein selbstbewusstes, klares Statement zum Favoriten? Oder ein freundliches, aber bestimmtes »Haltet die Klappe – das ist mein Tag!«? Wahrscheinlich fragte die Braut sich nicht einmal, warum sie diese Leute überhaupt mitgenommen hatte.

Nein, stattdessen zeigte sich das Gegenteil: Bei der Zukünftigen war eine regelrecht antrainierte Hilflosigkeit zu bemerken, die sich schon allein – wie so oft im Leben bei so vielen Menschen – darin zeigt, dass Entscheidungen ohne Zutun der anderen schwer oder gar nicht getroffen werden und die Zustimmung des Umfelds eingeholt wird, um auf Nummer sicher zu gehen. Das wird selber aber gar nicht so wahrgenommen.

Und so wurde denn mit einem zurückhaltenden Nicken und einem unsicheren Lächeln mit Blick auf die anderen von der zukünftigen Braut ein Modell ausgewählt.

Die permanente Abstimmung

Dieses einfache, alltäglich erscheinende Beispiel zeigt, wie es sich – unabhängig vom Thema – mit dem Umfeld in der Realität verhält: wie im echten Leben! Und ein jeder findet bestätigt, dass es offenbar normal sein muss, in permanenter Abstimmung mit anderen zu leben. Stattdessen ist es eine Unart – und das schreibe ich so direkt –, ständig andere danach zu fragen, was man tun soll. Das entspringt Selbstzweifeln, sprich einer Selbstunsicherheit, und macht einen zum manipulierbaren Herdentier.

Solltest du bei wichtigen Entscheidungen besser niemanden mitnehmen? – Richtig! Niemand hat deine Emotionen, niemand außer dir muss mit den Konsequenzen leben – den schlechten oder den verpassten guten. Und um bei der Sendung zu bleiben, die hier nur als Metapher dient: Wenn sie allein loszögen, um ihr Brautkleid zu finden, würden wohl die meisten zukünftigen Bräute beispielsweise in dem Kleid auch mal kurz tanzen oder es einmal hochheben, um zu sehen, wie es kürzer aussehen würde, ein Tränchen rausdrücken oder in die Hände klatschen. So stehen sie stocksteif vor dem Spiegel und warten auf Zustimmung oder Ablehnung.

Sollte doch jemand bei relevanten Entscheidungen dabei sein, dann bitte jemand, der

1. gut drauf ist,
2. nicht die eigene Wahl trifft und von sich ausgeht,
3. die Wahl derjenigen / desjenigen empathisch unterstützt und
4. konstruktive Fragen stellt wie: »Was ist dir wichtig?« oder »Wie fühlst du dich damit?« oder – für das oben beschriebene Beispiel – »Was glaubst du: Ist das Kleid gerade gut genug für deinen schönsten Tag?«.

Bei der Folge, die ich dann bis zum bitteren Ende angeschaut habe, wurde im Schlusskommentar erzählt, dass die zukünftige Braut später, als sie allein zu Hause war, noch einmal im Geschäft angerufen und das Brautkleid wieder abbestellt hatte. Nun lässt sich das für ein noch nicht gekauftes Brautkleid mal eben ändern, wenn unter Beeinflussung der anderen keine oder die falsche Wahl getroffen wurde. Doch bedenke: Für etliche getroffene Entscheidungen und verpassten Chancen gilt das eben nicht mehr, ebenso wenig wie für die Auswirkungen. Mit denen muss diejenige oder derjenige dann selber klarkommen und den Preis dafür auch selber zahlen – während das Umfeld maßregelt: »Das war doch deine Entscheidung!« Und damit noch recht hat, denn am Ende ist alles die eigene Entscheidung, auch die, welche konstruktiven oder destruktiven Menschen man in sein Umfeld und wovon man sich beeinflussen lässt.

Die Auswirkungen auf dich und dein Leben

Kurz gesagt: Dein Umfeld ist ganz massiv dafür verantwortlich, wo du heute stehst. Wer du heute bist. Damit ist keineswegs die Verantwortung für dieses Ergebnis abgegeben – die liegt bei dir. Dein Leben, das du jetzt führst, ist das Ergebnis deiner Entscheidungen – auch jener, die du in Bezug auf die Auswahl deines Umfelds getroffen hast.

Wenn das bei dir alles ideal ist – super! Das freut mich wirklich für dich, denn dann gehörst du zu einer kleinen Gruppe von Menschen, denen es gelungen ist, sich genau dieses Umfeld zu schaffen, das sie für ihr Wohlergehen brauchen.

Sage mir, mit wem du umgehst, und ich sage dir, wie dein Leben verläuft

Sicher kennst du Aussprüche wie: »Sage mir, mit wem du umgehst, und ich sage dir, wer du bist« oder »Die Umwelt formt den Menschen«. Ich selbst habe diese Sätze als Kind und Teenager oft von meinem Vater gehört und aufgrund ständiger Wiederholung klingen sie bis heute in mir nach. Erst heute verstehe ich ihre Bedeutung und in welchem Ausmaß das eigene Leben betroffen ist.

Viel später, während meines Studiums der Kriminologie*, ist mir eine der aufschlussreichsten Formeln begegnet, die verdeutlicht, in welchem Maße unser Umfeld uns prägt. Sie wurde von Franz von Liszt, einem Vetter des berühmten Pianisten, aufgestellt. Dabei geht es um die Frage, warum Menschen kriminell werden. In seiner Formel verbindet von Liszt die Anlage des Täters – also seine charakterlichen Eigenschaften, die man bei der Geburt mitbekommt – mit den soziologischen Faktoren, also der Umwelt, in der man lebt (heute bezeichnen wir das auch als Umfeld). Daher nannte er seinen Ansatz die »Anlage-Umwelt-Formel«. Laut von Liszt liegt in der Verknüpfung von beidem eine der Hauptursachen, warum Menschen kriminell werden. Breche ich die Formel auf eine alltagstaugliche Version herunter, lautet die Kurzform: »Menschen werden in der Regel kriminell, wenn ihre Umgebung kriminell ist« (eine genetische Disposition lassen wir an dieser Stelle einmal unberücksichtigt).

---

* Zum besseren Verständnis: Kriminologie ist keine eigene Wissenschaft, sondern setzt sich aus den Bezugswissenschaften Soziologie, Psychologie, Psychiatrie und Strafrecht zusammen.

Dasselbe trifft auch auf andere Bereiche unseres Lebens zu: Beispielsweise bist du erfolglos, wenn du mit erfolglosen Menschen zusammen bist. Umgekehrt gilt das aber auch: Du bist oder wirst erfolgreich, wenn deine Umgebung, dein Umfeld, erfolgreich ist. Ja, neueste Studien belegen sogar, dass auch die Intelligenz eines Menschen von seinem Umfeld beeinflusst wird – der IQ könne also steigen oder sinken, je nachdem, mit wem man Kontakt hat.

Warum? Zum einen lernen wir durch Wiederholung, zum anderen aber auch durch Nachahmung. Ja, wir schwingen mit. Dafür verantwortlich sind die Spiegelneuronen, jene Nervenzellen in deinem Gehirn, deren Aufgabe es ist, dein Umfeld zu spiegeln, es also nachzuahmen. Sicher kennst du das Phänomen: Wenn dein Gegenüber gähnt, musst du auch gähnen, obwohl du gar nicht müde bist. Wir lachen, wenn jemand lacht, und werden traurig, wenn jemand weint. Selbst die Sitzposition des Gegenübers nehmen wir oft nach kurzer Zeit selber ein. Ja, wir schwingen mit. Du imitierst das Verhalten deines Gegenübers – das geschieht ganz unbewusst.

Alle Menschen, die dich umgeben, beeinflussen dich sehr stark: Ob Partner, Freunde, Familie oder auch Arbeitskollegen – sie sind einer der wichtigsten Faktoren für deinen Erfolg oder Misserfolg, denn satte 85 Prozent deines Erfolges und deines Misserfolges basieren auf dem Einfluss deines Umfelds! Studien belegen sogar, dass du so viel oder so wenig verdienst wie die Menschen in deinem direkten Umfeld.

Noch greifbarer wird es mit dem Satz: Du bist der Durchschnitt der fünf Menschen, mit denen du dich am meisten umgibst. Das bedeutet: Du bist genauso schlank, genauso gesund, aktiv, reich, erfolgreich, zufrieden und glücklich wie die (fünf) Menschen, mit denen du am häufigsten zusammen bist.

Aber es geht nicht nur um Geld, Gesundheit, Zufriedenheit oder Erfolg, sondern es geht auch um dein Denken. Also um das, was sich vor deinen Aktivitäten, vor deinen Entscheidungen und deinem Tun, vor deinem Erfolg oder Misserfolg abspielt – denn all das ist nur das Ergebnis deiner Gedanken. Ja, dein Umfeld bestimmt mit der Zeit auch deine Gedanken, deine Denkweise. Das Nachahmen, das sicher in der frühen Evolutionsgeschichte des Menschen für sein Überleben gesorgt hat, ist heute bei den meisten Menschen zu einer ihrer größten Blockaden geworden.

Warum du die Gedanken übernimmst

Schlicht gesagt, geht alles, was in unser Ohr dringt, direkt ins Gehirn. Und unser Gehirn funktioniert wie ein einfacher Kassettenrekorder. Für alle, die zu jung sind, dieses Phänomen zu kennen: Damit haben wir in meiner Jugend Lieder auf Kassetten aufgenommen. Die meisten Kassettenrekorder waren recht einfach, denn sie verfügten nur über drei bedeutsame Tasten: Record, Stopp und Play. Weniger relevant: eine Vorspultaste und eine Rückspultaste. Ein Lied wurde mit der Taste »Record« aufgenommen, und wenn es zu Ende war, wurde auf »Stopp« gedrückt, und mit dem Betätigen der Taste »Play« konnte ebendieses Lied wieder abgespielt werden. Natürlich ließen sich nur die Lieder abspielen, die zuvor aufgenommen worden waren.

Die gleiche Funktionsweise wie bei deinem Gehirn! Wenn du morgens aufwachst, wird automatisch sofort die Taste »Record« (Aufnahme) gedrückt. Wenn du abends ins Bett gehst, wird mit dem Zufallen deiner Augen die »Stopp«-Taste gedrückt. Und alles, wirklich gnadenlos alles, was zwischen diesen beiden Tastenaktivitäten über deine Ohren in dein Gehirn dringt, wird rigoros aufgenommen. Alles. Pur. Ohne Pause. Ohne einen bewussten oder stets aktualisierten Filter für nützlich oder unnütz, für hilfreich oder destruktiv oder für gut oder böse. Das Programm ist aufgenommen, der Prozess der Programmierung läuft. Das »Oberstübchen« nimmt sogar das auf, was du oft gar nicht mitbekommst, weil ein großer Teil des Tages auf Autopilot läuft und wir geistig gar nicht im Hier und Jetzt sind. Ja, und genau wie beim Kassettenrekorder kann dein Gehirn auch nur das abspielen, was es zuvor aufgenommen hat! So bist du das Sprachrohr dessen, was du den ganzen Tag über hörst – wie den ersten Wortwechsel am Morgen mit deiner Partnerin, die Nachrichten, die Gespräche in der S-Bahn, Kollegengespräche, Werbung, WhatsApp-Sprachnachrichten, Social Media, Fernsehen, das letzte Gespräch am Abend usw. Du gibst wieder, womit du programmiert wirst. Hier passt das Sprichwort: »Wie man in den Wald hineinruft, so schallt es heraus.«

Natürlich formt das, was du jeden Tag hörst, auch deine Gedanken. Und deine Gedanken werden zu Worten, deine Worte zu Taten, deine Taten zu deinem Charakter. Nicht heute, nicht morgen, aber jeden Tag ein Stück mehr. Deswegen ist es enorm wichtig, dass du dir das richtige »Programm« und die richtigen »Programmierer« aussuchst. Du glaubst, dass du vielem einfach ausgeliefert bist? Das resultiert aus einer – verzeih mir das Wort – Opferhaltung und entspricht nicht der Realität, sondern deinen Ausreden und Vermeidungsstrategien. Wir alle haben sehr wohl eine Wahl – das nennt sich Verantwortung für das eigene Leben übernehmen.

#ViolasQuicktipp: Was hast du heute schon gehört? Ideen, Pläne, Positives? Oder Gejammer und Gemecker? Welchen Satz hast du heute Morgen als ersten gehört? Welchen gestern als letzten? Und was hast du alles gesagt und damit dich und andere programmiert? Wie ist die prozentuale Verteilung zwischen positiv und negativ?

Der extreme Einfluss

Ob du es glaubst oder nicht: Dein Umfeld beeinflusst deine Perspektive, deine Glaubenssätze, deine (Gedanken-)Welt. Du übernimmst mit der Zeit – und das ganz unbewusst – auch seine Ansichten, seine Maßstäbe, seine Sicht auf die Dinge. Du unterwirfst dich seinen Moralvorstellungen, seinen Einschränkungen, seinen Regeln, Normen,

Anweisungen und Verboten, seinen Limitierungen und Grenzen – ja, die Menschen in deinem Umfeld sagen dir auch, wie weit du davon abweichen darfst. Sie zeigen dir, welche Ideen, Ziele und Standards es sich im Leben zu verfolgen lohnt oder eben nicht.

Über alles wird ein Filter gelegt. Und du merkst es nicht einmal. Wenn ich dir das bei einem persönlichen Treffen auf den Kopf zusagen würde, würdest du

a. es entweder abstreiten,
b. mir sagen, dass du das auf jeden Fall bemerken würdest, wenn dies der Fall wäre, oder
c. mir all das als dein Gedankengut verkaufen wollen.

Unabhängig davon, welche Variante davon du mir oder vor allem dir auftischen wollen würdest – es ist trotzdem Fakt, dass du ein Konstrukt deines Umfelds bist. Und das kann – je nach der Qualität deines Umfelds – gut oder schlecht für die Qualität deines Lebens sein.

Es bleibt ein Traum

Ja, dein Umfeld hat immensen Einfluss und enorme Auswirkungen auf dich und dein Leben – viel mehr, als du vielleicht bisher angenommen oder auch nur geahnt hast. Mehr noch: Was dich von der Umsetzung deiner Wünsche, Träume, Ziele, Potenziale abhält, ist mit an Sicherheit grenzender Wahrscheinlichkeit auch dein Umfeld. Die folgende wahre Geschichte ist interessant und erschreckend zugleich und soll dir die unbewusste Einflussnahme besser aufzeigen.

Nur ein Traum

Eine Gruppe unterschiedlichster Menschen wurde zu ihren Lebensträumen befragt. Andere Menschen – andere Träume: So träumte eine Frau von einem Café in Australien, ein Mann wollte sich bereits seit Jahren selbstständig machen, der Nächste träumte von einem Sabbatical und so ging die Liste weiter. Die Befragten beantworteten die Fragen frei und ehrlich, sie dachten, dass es halt nur eine dieser öffentlichen Befragungen oder repräsentativen Umfragen sei, wie es sie öfter zu unterschiedlichen Themen gibt.

Doch dem war nicht so, denn in Wahrheit handelte es sich um eine wissenschaftliche Studie. Und was die Befragten auch nicht ahnen konnten: dass ihnen im Rahmen dieser Studie einige Monate später, als sie die Befragung schon gar nicht mehr im Kopf hatten, auf ganz unterschiedlichen Wegen Angebote gemacht wurden, die die Erfüllung ihrer Lebensträume mit sich bringen würden. Diese Angebote kamen nicht direkt und nicht plump, sondern eher zufällig: ein unbeabsichtigter Tipp, ein versteckter Hinweis. Die Menschen, die an jener Befragung teilgenommen haben, sind sich nie begegnet, sie waren unterschiedlich alt und stammten aus verschiedenen sozialen Schichten. Sie hatten nichts gemeinsam – bis auf ihre Reaktion auf die Angebote, die ihren Lebenstraum in Erfüllung gehen lassen würden. Denn fast alle Befragten antworteten dasselbe: Über 90 Prozent sagten prompt *Nein!*

Das war jener Augenblick, in dem die Wissenschaftler sich zu erkennen gaben und den Zweck der Befragung offenbarten. Als die »Probanden« – nun offizielle Teilnehmer der Studie – gefragt wurden, warum sie die Realisierung ihres Lebenstraums spontan abgelehnt hatten, konnten sie das nicht erklären. Die Wissenschaftler baten sie nun, weiter an der Studie teilzunehmen – sie wollten herausfinden, woher dieses Nein kam und was dahintersteckte. Was dann folgte, waren aufwendige wissenschaftliche Befragungen und Tests. Es dauerte lange und es war schwierig, aber es gelang. Am Ende wurden alle Erkenntnisse ausgewertet und das Ergebnis ließ sich in einer ebenso knappen wie erschütternden Aussage zusammenfassen: Über 90 Prozent der Befragten hatten das Angebot, das ihnen ihren Lebenstraum erfüllt hätte, abgelehnt, weil sie Angst davor hatten, was Familie und Freunde dazu sagen würden. Am meisten erschütterte dies nicht die Wissenschaftler, sondern die Befragten selbst, denn ihnen war dieser Grund weder bewusst, noch hätten sie ihn jemals überhaupt nur in Betracht gezogen.

In dem wissenschaftlichen Test wurde dargelegt, dass keiner der Freunde und kein Mitglied der Familie direkt auf den Befragten eingewirkt hatte, sie hatten ja nicht einmal von der Befragung gewusst. Die Reaktion der Befragten war eine Quintessenz aus jahrelanger Erfahrung, aus jahrelangem Erleben, aus jahrelanger Beeinflussung, aus jahrelanger Meinungsmache und aus jahrelanger Angst. Eine sehr erschütternde Erkenntnis, dass Freunde und Familie als Verhinderer des Lebenstraums, als Hemmschuh bei der Erreichung der eigenen Ziele wirken. Sie sind also nicht, wie es sein sollte, Befürworter und Unterstützer.

Deine Handlungsmotive

Die wohl häufigste Frage, die nicht nur Kinder, sondern auch Erwachsene sich stellen, ist: Warum? Das Warum zu kennen, ist der Kern einer jeden Sache – ob sein eigenes oder das der anderen. In diesem Kapitel geht es darum, warum du tust, was du tust. Denn je klarer und besser du deine verschiedenen Handlungsmotive kennenlernst – ja, denn viele sind dir gar nicht klar – und verstehst, desto eher kannst du sie verändern. Wenn du all die Gedanken, Anregungen und Methoden in diesem Buch aufsaugst und nutzt, werden dir nicht nur deine Handlungsmotive bewusster werden, sondern du wirst sie auch nach und nach verändern können.

Das manipulierbare Herdentier

Wovor fürchten sich die meisten Menschen – also auch du? Davor, dass sie nicht dazugehören, dass sie von ihrem Umfeld abgeschoben werden und dass sie allein dastehen. Ganz nebenbei: Bei etwa acht Milliarden Menschen auf der Welt eine unrealistische Befürchtung. Aber diese in ihren Augen realistische Angst, dass sie zum schwarzen Schaf werden könnten, mit dem ihrer Meinung nach keiner etwas zu tun haben will, macht sie zum manipulierbaren und unfreien Herdentier. Sie schauen, was die anderen machen, treffen lieber keine eigenen Entscheidungen, die nachher den anderen missfallen oder hinterfragt werden – nein, sie gehen lieber auf Nummer sicher und blöken mit.

Das macht natürlich unsicher und unzufrieden, da die Menschen weder den eigenen Glaubenssätzen, Wünschen, Parolen, Überzeugungen, Zielen noch den eigenen Motiven folgen, sondern denen von anderen. Daher kommen fehlende Motivation, fehlende Leidenschaft, mangelnder Antrieb, ein fehlendes Warum.

Aber der Preis, den du dafür bezahlst, ist in Wahrheit noch höher, denn mit der Zeit wird eine regelrechte Angst vor der eigenen Meinung und dem eigenen Geschmack, ja auch vor Leichtigkeit, spontaner Freude, vor Überschwänglichem, Verrücktsein und vor der Erfüllung eigener kühner Träume entwickelt. Welch ein Preis dafür, als treues Schaf ja zur Herde dazuzugehören!

#ViolasQuicktipp: Niemals hat etwas nur eine Ursache, eine Quelle, ein Motiv. Denn dann wärst du – am Beispiel Glück aufgezeigt – automatisch glücklich, sobald diese eine Sache in deinem Leben wäre. Das entspricht jedoch nicht der Realität. Es gibt immer mehrere Ursachen, die zusammenwirken.

Angst oder Liebe

Es gibt so viele Handlungsmotive, warum du tust, was du tust – allein darüber lässt sich ein eigenes Buch schreiben –, deshalb habe ich hier die wichtigsten aufgeführt.

Es gibt zwei Emotionen, die unser Leben bestimmen: Angst und Liebe. Was genau bedeuten diese beiden Wörter? »Angst« hat die Synonyme Furchtsamkeit, Ängstlichkeit, Befürchtung, Unsicherheit, Besorgnis, Sorgen bis hin zu Schmerz, Schrecken oder Panik. Synonyme für

»Liebe« sind Herzenswärme, Gefühl, aber auch Begeisterung, Verlangen, Begehren, Eifer, Lust, Beharrlichkeit – und das nicht nur in Bezug auf andere Menschen, sondern auf alle Dinge des Lebens.

Liebe und Angst sind für uns Menschen ein unglaublich wichtiger Antrieb. Umso schlimmer ist es, dass die bestimmende Emotion im Leben der Menschen nicht Liebe, sondern Angst ist. Ja, bitte noch einmal lesen: Die bestimmende Emotion im Leben der Menschen ist Angst – sie ist der Hauptgrund, aus dem heraus wir handeln! Das ist den meisten Menschen nicht einmal bewusst, denn es sind lange vorher aus Angst, Zweifel und Befürchtungen Denk- und Handlungsweisen entstanden, die nun als automatisiertes Denken zur Verfügung stehen.

Aber wovor haben die meisten Menschen Angst? Sie haben Angst

- vor Fehlern,
- vor dem Scheitern,
- davor, Entscheidungen zu treffen,
- vor Kritik,
- vor Ablehnung,
- vor Zurückweisung,
- vor Ächtung,
- vor dem Ausgeschlossensein,
- vor Neuem,
- vor Veränderung,
- vor dem Risiko,
- vor Verlust,
- davor, anders zu sein,
- davor, herauszuragen,
- vor Großem,
- davor, Besseres für sich in Anspruch zu nehmen,
- vor dem Mangel an innerer Stärke,
- vor der Gruppendynamik,
- vor Fremdbestimmtsein,
- vor der Zukunft,

- davor, dem Druck von außen nicht standzuhalten,
- davor, nicht den Erwartungen anderer zu entsprechen,
- davor, Ecken und Kanten zu zeigen,
- davor, nicht der Norm zu entsprechen,
- davor, egoistisch zu wirken,
- vor Rechtfertigungsdruck,
- davor, frei zu sprechen,
- davor, eine eigene Meinung zu vertreten,
- davor, einen eigenen Lifestyle zu haben,
- davor, Nein zu sagen,
- davor, zu sein, wer sie wirklich sind.

Besonders bemerkenswert ist, dass all diese tagtäglichen Ängste weder auf Gedanken oder Gefühlen noch auf einer realen oder akuten Gefahr basieren, sondern auf dem Zusammensein mit unseren Mitmenschen. Und mit wem sind wir tagtäglich zusammen? Mit unserem direkten Umfeld! Was hier wieder klar werden soll: Die meisten Menschen – und vielleicht auch du – unterschätzen, wie ernsthaft und wie immens der Einfluss des Umfelds ist.

All das, wovor die meisten Menschen Angst haben, ist aber genau das, was die Individualität ausdrückt, was also dafür sorgt, dass man ein Leben nach den eigenen Vorstellungen führt. Die Angst, wie das Umfeld reagieren könnte, macht es vielen Menschen unmöglich, in den Bereichen, die die oben genannte Aufzählung benennt, freie Entscheidungen zu treffen. Sie sind geprägt von Selbstzweifeln, Ängsten, Hemmungen, Unsicherheiten und: Unentschlossenheit.

Unentschlossenheit und Ängste sind die größten Selbstsabotageprogramme gegen eine individuelle Lebensweise. Die meisten Menschen trauen sich nicht, ihr eigenes Ich zu zeigen, ihre eigenen Wünsche und Bedürfnisse auszuleben, Eigeninitiative zu ergreifen und entschlussfreudig oder selbstständig zu denken und zu handeln. Sie machen große Kompromisse auf Kosten ihrer Integrität.

Wenn das bei dir alles nicht zutrifft: Herzlichen Glückwunsch! Aber dann würdest du wohl diese Stelle gerade nicht lesen. Vermutlich sieht es doch oft so aus: Das eigene Ich wird immer weiter reduziert, die eigenen Ecken und Kanten werden immer weiter abgeschliffen, damit man auch normgerecht überall dazupasst und im wahrsten Wortsinne nicht aneckt. Bloß nicht auffallen, keine Aufmerksamkeit auf sich ziehen – die viele ja als sehr unangenehm empfinden. Besser Zurückhaltung als gar keine Haltung – schön vorsichtig und angepasst, dann kann auch nichts schiefgehen!

Das kennen viele – vielleicht auch du – noch von früher. Da lauert nämlich eine alte Konditionierung von den Eltern: Wenn ich nicht das mache, was Mama und Papa von mir wollen, läuft es nicht gut für mich.

Du traust dich nicht, authentisch, also du selbst zu sein. Von deinem eigentlichen Ich verabschiedest du dich immer dann, wenn du unsicher oder ängstlich bist und lieber einen kompetenten Eindruck hinterlassen willst, was impliziert, dass du glaubst, dein Ich reiche nicht dafür oder werde abgelehnt. Selbstunsicherheit ist Selbstzweifel. Und eine der Hauptursachen für Selbstzweifel liefert das direkte Umfeld.

#ViolasQuicktipp: Keine Frage: Ängste gehören zu unserem Leben dazu. Aber sie sollen dazu da sein, uns vor echten Gefahren zu warnen und zu bewahren, und nicht unser täglicher Begleiter und Entscheider sein! Und erst recht nicht von unserem täglichen Umgang hervorgerufen werden!

Ein ideales Umfeld lässt keine Ängste aufkommen! Oder es hilft dir, sie zu überwinden. Ein ideales Umfeld sollte nicht Ängste auslösen, in der Form, wie ich sie obenstehend beschrieben habe, sondern mit Liebe agieren. Wie wäre es für dich, ein solches Umfeld zu haben? Wie würde es sich anfühlen, wenn du vieles aus Lust und Begeisterung heraus machen würdest? (Wie du dies erreichst, erfährst du in Kapitel 2 und 3.)

Freude oder Schmerz

Andere Worte für »Angst oder Liebe« sind »Schmerz oder Freude«. Die meisten Menschen handeln aus dem Impuls heraus, Schmerz zu vermeiden, statt sich darum zu bemühen, Freude zu empfinden. Einfach gesagt: Sobald du richtig Schmerzen hast, beginnst du zu handeln – so kurios es klingen mag: Es ist dein liebstes Handlungsmotiv, es ist dein größter und bester Motivator! Ja, denn Probleme allein sind meist noch kein Handlungsgrund für dich. Erst wenn etwas so groß geworden ist, dass es wirkliche Qual bereitet, dann werden die meisten Menschen – und sicher auch du – aktiv, dann hast du richtiggehend Handlungsdruck. Davor liegt aber oft ein langer Leidensweg.

Schmerzen beschleunigen Entscheidungen, die längst hätten getroffen werden müssen. Das Handlungsmotiv Schmerz ist so stark ausgeprägt und verbreitet, dass es eine absolut gängige und sehr erfolgreiche Methode bei Verkäufern ist, auf den Schmerzpunkt der potenziellen Kunden einzugehen. Ja, der Kunde kennt das und weiß, was folgt, wenn er bestimmte Dinge nicht macht und zu lange wartet – das nutzt der Verkäufer. Ein »Das wird Ihnen guttun!« wirkt leider nicht einmal annähernd so kaufentscheidend wie die Negativ-Formulierung: »Denken Sie mal zwei Monate weiter, was Sie erwartet, wenn Sie jetzt nichts unternehmen.«

Es ist interessant zu sehen, dass die meisten Menschen doch auch die Freude als Handlungsmotiv haben. Allerdings oft nur bei Kleinigkeiten, bei Dingen, die schnell und einfach zu erreichen sind und im Grunde nichts bedeuten – wie ein leckeres Stück Kuchen, ein Essen, eine Fernsehserie, ein kurzzeitiges Vergnügen. Da können sie aus Freude heraus entscheiden. Bei elementaren Dingen wie schlechten Situationen, Dingen oder Menschen, die ihnen nicht guttun, ja selbst bei gesundheitlichen Sachverhalten warten sie so lange, bis der Schmerz richtig groß geworden ist oder ein wirkliches Desaster droht. Der Mensch ist destruktiv. Warum das so ist, darüber zermartern sich Wissenschaftler seit Jahren das Hirn.

#ViolasQuicktipp: Ich bin auch nur ein Mensch. Das bedeutet, auch ich handele ab und an noch aus Schmerz. Aber diese Momente sind sehr selten geworden. Denn aus eigener Erfahrung kann ich dir sagen, wie wunderbar es ist, einfach aus Freude und Begeisterung zu handeln! Mir muss heute keiner mehr meinen Schmerzpunkt vor Augen führen, damit ich dieses oder jenes unterlasse, mich davon lossage oder endlich etwas Gutes für mich tue und eine Optimierung in meinem Leben vornehme. Nein, mein Handlungsmotiv ist in der absoluten Mehrzahl meiner Entscheidungen Freude! Ich weiß ganz genau, was mir guttut, und genau danach suche ich. Deswegen gibt es von mir schnell eine positive Entscheidung, sobald ich nur annähernd den Verdacht habe, dass mir etwas guttun, mich bereichern oder mir wirklich Freude bereiten könnte – ob es das Essen betrifft, Situationen, Dinge oder Menschen. Das bedeutet auch, dass ich ein Leben führe, das mich glücklich und zufrieden macht, weil es aus Freude geboren ist.

Gewohnheit

Alles, was du fühlst, denkst und daraus resultierend tust, ist zu 95 Prozent von deinen Gewohnheiten gesteuert. Eine unglaubliche Zahl, oder? Du handelst einfach automatisch, habitualisiert, ohne darüber nachzudenken – nicht nur du, wir alle tun das. Das kann gut sein oder schlecht – je nachdem, welche Qualität deine Gewohnheiten haben.

Deine Ängste sind auch eine Gewohnheit – eine konditionierte Reaktion auf einen Reiz. Das Zusammensein mit deinem Umfeld basiert nicht auf einer wohldurchdachten Aufwand-Nutzen-Freude-Analyse, sondern auf Gewohnheit. Schlechte Gewohnheiten sind bekanntlich besonders hartnäckig. Schlechte Gewohnheiten sind es auch, die hinter den meisten deiner Probleme, Frustrationen und deinen Unzufriedenheiten stecken. Und dadurch, dass du gewohnheitsmäßig jeden Tag dieselben Dinge tust, schnürt sich das Korsett dieser Probleme, Frustrationen und der Unzufriedenheit immer enger. Um das loszuwerden, musst du deine schlechten Gewohnheiten an der Wurzel packen und herausreißen und, um dein Umfeld und dein Leben auf einen guten Kurs zu bringen, stattdessen ein paar gute neue Gewohnheiten einpflanzen. Da Gewohnheiten nur erlernt sind, kannst du sie auch wieder verlernen und neue lernen.

Fehlende Stoppschilder

Die Gründe für dein Denken und Handeln sollten aus deinen *von dir selbst* aufgestellten Regeln, Werten, Bedürfnissen und Glaubenssätzen resultieren. Vieles, was du selbst tust oder von dem du zulässt, dass andere – insbesondere aus deinem direkten Umfeld – es tun, passiert, weil du keine Stoppschilder aufgestellt hast. Damit sind mentale Stoppschilder gemeint, die dir selbst und anderen signalisieren sollen: Bis hierhin und nicht weiter! Klare Grenzen, die *du* setzt. Diese Stoppschilder gelten aber auch in gleichem Maße für dich selbst; sie sollen nicht nur deine Grenzen deutlich machen, sondern dich auch an deine Prinzipien erinnern, an das, was für dich im Leben geht und was auf keinen Fall – für nichts und niemanden! Solche Stoppschilder haben die wenigsten Menschen!

Würden sie solche Stoppschilder aufstellen und wären diese mit einer Klingel verbunden, würde bei den meisten Menschen häufig ein Dauerklingeln zu hören sein, weil so oft Höflichkeits-, Respekts- oder Selbstwertstoppschilder überfahren werden – von ihnen selbst und von den Menschen aus ihrem Umfeld. Niemand hält sich daran!

Mangel

Ein weiteres deiner Handlungsmotive, gerade in Bezug auf dein Umfeld, ist der Mangel an Selbstwertgefühl und Selbstliebe. Menschen, die kein gutes Umfeld haben, haben in der Regel auch kein hohes Selbstwertgefühl – dessen eine Säule Selbstliebe ist –, so wie auch die Menschen in ihrem Umfeld. Andauernde Negativität kann Ausdruck des eigenen schlechten Selbstwertgefühls sein und dadurch auch andere schwächen. In Kapitel 3 erfährst du, wie ausschlaggebend diese beiden Faktoren bei der Erschaffung eines idealen Umfelds sind.

Die eigene Fremdheit

Es ist leicht festzustellen, dass viele Menschen sich selbst nicht gut kennen. Sie können viele Fragen über sich selbst nicht beantworten, wie beispielsweise: Warum tust du, was du tust? Was ist dein gelebtes Lebensmotto? Wer bist du? Wie handelst du danach? Was ist deine beste Gewohnheit? Und was bringt sie dir? Welchen Erfolgsgesetzen folgst du? Welche 15 Stärken hast du? Und wie setzt du diese regelmäßig im Alltag ein?

Ja, das braucht etwas mehr als die Antwort nach der Netflix-Lieblingsserie. Das Problem ist, dass so viele Menschen sich nicht mit sich selbst beschäftigen. Allein, in der Stille und nur mit sich selbst. Sie haben die schlechte Angewohnheit, ständig in Gesellschaft sein zu müssen oder, wenn sie allein sind, sich von Musik oder Fernsehen beschallen zu lassen.

Wenn man sich um sich selbst nicht kümmert, nicht nach seinen Gedanken, Wünschen, Bedürfnissen forscht und ihnen nachgeht, nicht reflektiert, Gedanken kommen und ziehen lässt, Zwiegespräche mit sich selbst führt, dann bleibt man sich nicht nur selbst fremd, sondern es tritt nach einer gewissen Zeit eine Selbstvernachlässigung ein.

#ViolasQuicktipp: Wer sich selbst nicht gut kennt, kennt auch seine Ziele nicht, noch kann er ihnen folgen. Es bedeutet, dass du dein Warum, deine Handlungsmotive nicht kennst und deshalb den Zielen und Motiven von anderen folgst. Das kann nicht der Ausgangspunkt für ein erfülltes Leben sein!

Antrainierte Hilflosigkeit

Ursächlich für viele deiner Denk- und Handlungsweisen ist antrainierte Hilflosigkeit, die ich bereits am Beispiel der TV-Serie »Tüll & Tränen« erwähnt habe. Dahinter steckt (oft unbewusst) der Glaube, dass man ohne sein Umfeld schlechter oder gar nicht zurechtkäme, ja, gar scheitern würde und nicht mehr so recht wüsste, wie man mit dem Leben und all den zu treffenden Entscheidungen klarkommen soll. Mit den Jahren hat sich aufgrund der permanenten Abstimmung und aus den Entscheidungen, die das Umfeld getroffen hat, ein Gefühl entwickelt, allein nicht in der Lage zu sein, das eigene Leben zu verändern oder zu verbessern. Daraus folgen Frust und Wut, aber auch die Angewohnheit, Ausreden und Entschuldigungen für alles zu finden oder den anderen die Schuld und Verantwortung dafür zuzuschieben, da du ja glaubst, nicht selbst die Kontrolle darüber zu haben.

#ViolasQuicktipp: Die nüchterne Realität: Bei den meisten Menschen würde es erheblich besser laufen ohne das derzeitige Umfeld! Aber wer immer mit der Herde blökt, glaubt nicht, dass er Hirte sein und für sich selbst etwas tun kann, weil er es gewohnt ist, sich als Herdentier zu verstehen, das hinterherzulaufen hat. Denke daran: Es ist nur eine Gewohnheit und Gewohnheiten lassen sich ändern!

Häufig unbewusstes Handeln

Dein falsches Umfeld, deine Unzufriedenheit, dein Unglück, deine Probleme und vieles andere existieren, weil du un-bewusst bist. Weil du gedankenlos und gewohnheitsmäßig handelst – also ohne dass du überlegst und du dir deiner selbst, deines Denkens und Handels absolut bewusst bist. Das ist ein antrainiertes Muster. Denn wenn du bewusst denken und handeln würdest, würde vieles weder existieren noch stattfinden. Ja, du würdest vieles – wie Wut, Hass oder Unglück – gar nicht zulassen, ob es dir von anderen oder von dir selbst zugefügt wird. Denn Bewusst-Sein kommt aus dem Inneren; auch wenn es keine einheitliche Definition gibt, so umfasst es doch absichtliches, durchdachtes, zweckgerichtetes Denken und Handeln.

#ViolasQuicktipp: Deautomatisiere dich! Du kannst dein komplettes Leben in die Hand nehmen, inklusive deines Umfelds, indem du dir von diesem Tag an deine Gedanken, Worte und dein Handeln bewusst machst. Das geht nicht von jetzt auf gleich, deshalb besteht deine Aufgabe darin, bewusster zu werden, das Bewusstsein nach und nach zu verändern. Werde dir vor allem bewusst, dass du nicht auf der Welt bist, um die Erwartungen anderer Leute zu erfüllen.

Meine dringende Empfehlung: Deine zuvor in diesem Kapitel aufgeführten Handlungsmotive solltest du dir wieder und wieder durchlesen, damit du nicht nur Klarheit gewinnst, sondern sie wiedererkennst, sobald sie auftauchen, um dann wiederum auf sie einwirken zu können.

Die Handlungsmotive des Umfelds

Im Idealfall handelt dein Umfeld dir gegenüber aus Liebe, Freude, Begeisterung, Mitgefühl, Empathie, Vertrauen, Dankbarkeit, Wertschätzung, Respekt. Wenn du dir bereits so ein Umfeld erschaffen hast, dann sage ich: Herzlichen Glückwunsch! Dann hast du einen der gewichtigsten Faktoren für ein glückliches Leben. Allerdings ist bei den meisten Menschen ein Umfeld, das aus diesen Motiven heraus agiert, keine Realität. Aber welches sind dann die Handlungsmotive der Menschen aus deinem Umfeld?

Das steckt dahinter

Da dein Umfeld auch aus Menschen besteht, haben sie zunächst die gleichen Handlungsmotive wie du:

- Angst
- Schmerz
- Gewohnheit
- ein Mangel
- unbewusstes Handeln
- fehlende Stoppschilder
- antrainierte Hilflosigkeit
- fehlende Selbstkenntnis

Es ist nicht so, dass die vermeintlich besten Freunde, die Familie oder Partner dir grundsätzlich schaden wollen oder alle mit (böser) Absicht so handeln. Nein, sie tun es aus Gewohnheit und es fehlt ihnen häufig an Selbstreflexion. Nicht selten aus unbewusstem oder auch bewusstem Egoismus. Häufig wissen sie es auch nicht besser, ja, vielen sind die Werte und Faktoren, die eine wirkliche Freundschaft, eine wertvolle Beziehung und echte Liebe ausmachen, nicht bekannt oder bewusst. Nicht selten steckt auch eine große Unzufriedenheit über das eigene Leben dahinter, genauso wie Trägheit, ein schlechtes Mindset und leider auch Missgunst bis hin zu Neid. Häufig wollen die eigenen Freunde, der eigene Partner nicht, dass du besser bist oder es besser hast als sie. Denn mit deinen Aktivitäten, neuen Plänen, Ideen, Veränderungen jeglicher Art hältst du ihnen – da kommen wieder die Spiegelneuronen ins Spiel – (unbewusst) einen Spiegel vor, der sie erkennen lässt, was sie vielleicht dringend selbst verändern müssten.

Hinzu kommen ihre Ängste. Denn sie haben Angst, dass mit jeder Veränderung, die du vornimmst, sich auch für sie etwas ändert. Damit störst du ihre Komfortzone und bringst Veränderungen, auf die sie keinen Einfluss haben. Sie haben aber auch Angst, dass sie vielleicht kein Teil des Neuen sind, das du für dich angehen möchtest. Oder dass du gar weniger Zeit für sie hast oder andere Menschen als dein Umfeld wählen könntest. Dahinter stecken ein geringes Selbstbewusstsein und mangelndes Vertrauen, die sich in Angst ausdrücken. Sie haben keine Angst, dass für dich dabei etwas schiefgehen könnte, nein, sie befürchten das Gegenteil, nämlich dass du wirklich etwas erreichen könntest, dass du Schönes und Abenteuerliches erleben, du mehr verdienen oder glücklicher sein könntest. All das, was vielleicht auch dein Umfeld schon lange als geheimen Traum hat, aber aus den verschiedensten Gründen nicht in die Tat umsetzt. Da zeigen sich leider nicht selten Neid und Missgunst. Dahinter steckt auch, dass du keiner mehr von ihnen und damit nicht mehr leicht händelbar bist – ihr Einfluss auf dich schwindet. Weil du anders tickst. Sie wollen aber Gleichgesinnte!

Doch, sie loben dich auch für das, was du tust, aber nur, wenn das dem entspricht, was sie nachvollziehen können.

#ViolasQuicktipp: Mit wem du Zeit verbringst, zeigt, wer du wirst. Die meisten Menschen – vielleicht auch du – unterschätzen, wie ernst der Einfluss des direkten Umfelds und seine Auswirkungen sind. Dein Umfeld prägt dich – also dein Denken, deine Emotionen, deine Überzeugungen und dein Handeln. Daraus lässt sich ableiten: Ein anderes Umfeld bewirkt ein anderes Denken und Verhalten. Die Qualität deines Umfelds bestimmt in hohem Maße über die Qualität deines Lebens – mehr als vielleicht jeder andere Faktor.

KAPITEL 2

Ein Detox für dein Umfeld

»Das Böse ist unspektakulär und stets menschlich, es teilt unser Bett und sitzt mit uns am Tisch.«

W. H. Auden

In Kapitel 1 hast du bereits ausführlich erfahren, welche Rolle dein direktes Umfeld spielt, welchen Einfluss es auf dein komplettes Leben hat und was hinter den Verhaltensweisen von deinem Umfeld, aber auch hinter deinen steckt. Solltest du direkt mit diesem Kapitel hier starten – was dir natürlich freisteht –, so empfehle ich dir doch auf jeden Fall, mit dem ersten Kapitel zu beginnen. Denn es ist unsinnig, nach Lösung und Verbesserung zu suchen, solange du das Problem, seine Ursachen und die teilweise fatalen Ausmaße, die es annehmen kann, nicht kennst und dir die Zusammenhänge nicht bekannt oder nicht bewusst sind. Oder du sie dir noch einmal bewusst machen solltest.

Der Qualitätscheck und das Detox

Jeder, der ein Auto hat, fährt regelmäßig zum TÜV, doch bei dem eigenen Umfeld vergessen wir gern eine Überprüfung, obwohl hier der Check noch viel wichtiger ist.

Stell dir vor, für dein derzeitiges Umfeld – also deine Freunde und dein Partner – wäre die Bestnote eine Zehn und die schlechteste Bewertung eine Eins. Wo würdest du dein jetziges Umfeld aktuell auf der Bewertungsskala einordnen?

In diesem Kapitel geht es genau um diese Frage: wo du mit deinem derzeitigen Umfeld stehst – vorrangig in Bezug auf Partner und Freunde. Es geht um eine Ist-Analyse, einen Qualitätscheck, um herauszufinden, ob sie dir guttun, und wenn ja, warum, und wenn nein, warum nicht und welche Erkenntnisse und Konsequenzen du daraus ziehst. Merkwürdig, dass viele dann gleich Ängste verspüren oder an Trennungen denken statt an Klarsicht, Befreiung und Wachstum – denn auch darum geht es in diesem Kapitel.

Es geht nicht um das Abwerten, Kritisieren oder Schlechtmachen von Menschen, nein, im Grunde geht es nur um *dich* und nicht um die anderen! Um dein Leben und darum, dass du dich und alles um dich herum bewusster und ernsthafter betrachten und dann besser und bewusster selektieren solltest, mit einem Sinn und Grund dahinter.

Wichtige Zukunftsfragen

Frage dich:

- Wie sieht mein Leben in fünf oder zehn Jahren mit meinem jetzigen Umfeld aus?
- Mit meiner Partnerin? Mit meinem Partner?
- Mit meinen Freunden?
- Oder mit XY ...?
- Würde ich mich, wenn ich den »Reset-Knopf« drücken könnte, für die gleichen Menschen wieder entscheiden? Wenn ja, warum? Wenn nein, warum nicht?
- Welches Leben und welche Lebenszufriedenheit stelle ich mir wirklich vor (und nicht die abgespeckte oder schlechtere Version davon)?
- Sehe ich mich mit meinem Umfeld – mit jedem Einzelnen – als glücklichen, zufriedenen, erfüllten Menschen, der seine Ziele erreicht hat oder auf dem Weg ist, der Wachstum genießt, Träume und Ideen umsetzt und von diesen Menschen die bestmögliche Unterstützung bekommt?

Wie fallen deine Antworten aus? Hast du sie notiert, damit sie dir morgen und in Zukunft noch zur Verfügung stehen? Denn es wird dir nichts, aber auch gar nichts bringen, diese Fragen nur durchzulesen und kurz in Gedanken darauf einzugehen. Du wirst sie brauchen, wie alle Antworten auf die Fragen in diesem Buch, zumindest, wenn du den Check und das Detox deines Umfelds und damit verbunden deine Lebenszufriedenheit und dein Glücksempfinden wirklich ernsthaft angehen willst!

Für mehr Klarheit

Ich werde dir noch mehr Fragen über dein Umfeld stellen, und zwar solche, die du dir vielleicht noch nie gestellt hast. Du selbst wirst dir ebenfalls Fragen stellen. Denke immer daran: Fragen sind nicht böse. Fragen machen nur ihren Job, und sie sind etwas Wunderbares, denn sie bringen Antworten, Klarheit, Erkenntnis und Lösung. Sicher werde ich Themen anschneiden, die du vermieden, vergraben oder ignoriert hast, und manche Antwort wird eine harte Erkenntnis bringen – aber am Ende wird es gut sein, sie endlich anzusprechen und dich dadurch zu befreien.

Ja, auch Schmerz gehört dazu – aber den hast du jetzt vielleicht auch schon. Und denke daran, dass jede Befreiung und Entwicklung irgendwie auch schmerzhaft ist – deshalb solltest du nicht aufhören damit. Denke an die Raupe, die sich über Stunden aus ihrem viel zu engen Kokon herauswinden muss. Doch am Ende ist sie ein wunderschöner Schmetterling, der auch noch fliegen kann!

Vor allem geht es zum einen um die Frage, ob du Menschen in deinem Umfeld behältst, und wenn ja, welche, zum anderen darum, wann es wirklich Zeit ist, dich von dem einen oder anderen zu verabschieden, und wie du das Entgiften und die Befreiung, also das Detox, souverän angehen kannst.

#ViolasQuicktipp: Diese beiden Punkte – der Qualitätscheck und das Detox – sind unerlässlich, wenn du Gewissheit über dein Umfeld haben willst, dir ein neues, ideales Umfeld erschaffen und damit auch ein Upgrade für dein Leben vornehmen möchtest!

Wer ist schuld?

Vermeide bei dem Check und bei mancher Erkenntnis die Frage: »Wer ist schuld?« Wir stellen sie nur allzu gern, viele sind wahre Meister im »Schuldzuweisungs-Spiel«. Diese Frage führt aber in eine Sackgasse. Und diese Frage bringt weder Lösung noch Verbesserung und erst recht nicht die Wahrheit hervor. Es eignen sich besser Fragen wie:

- Was ist passiert?
- Was ist davor passiert?
- Was will ich?
- Was will ich nicht?
- Was kann ich aus dem Geschehenen lernen?
- Was ist meine beste Erkenntnis?
- Was werde ich nicht mehr tun?
- Was werde ich verändern?
- Was möchte ich auf jeden Fall zukünftig tun?
- Wo will ich hin?
- Welches Leben stelle ich mir vor?
- Wen will ich nicht in meinem Umfeld haben?
- Warum nicht?
- Wen will ich in meinem Umfeld haben?
- Warum?

Dein Umfeld – Inspiration oder Zwangsjacke?

Das Leben sollte selbstbestimmt sein, Freude machen, Lachen hervorbringen, Platz und Möglichkeiten für Träume und Wünsche bieten, Erkenntnis, Aktivität und Wachstum beinhalten, ja und auch manchen Fehler und Rückschritt – was soll's, wenn das Paket im Ganzen stimmt. Aber wenn dein Umfeld nicht so lebt, wirst auch du nicht so leben! Es ist nämlich eine menschliche Tendenz, das zu tun, was alle tun. Sage mir, mit wem du dich beschäftigst, und ich sage dir, was aus dir werden kann – so in etwa würde Goethe wohl sein einstiges Zitat zeitgemäß abwandeln.

Gruppendynamik und Gruppendruck

»Gruppendynamik« nennt man jene Kräfte, durch die Veränderungen innerhalb einer Gruppe und am einzelnen Gruppenmitglied verursacht werden. Sie ist ein Phänomen, das Menschen durch Interaktion beeinflussbar macht, die wiederholt oder gar dauerhaft Teil einer bestimmten Gruppe sind. So würde das etwas wissenschaftlicher ausgedrückt klingen.

»Gruppendruck« dagegen ist, einfach formuliert, das, was dich aufgrund der teils massiven, wenn auch nicht bewusst wahrgenommenen Beeinflussung der Menschen um dich herum in deiner Meinung, deinen Entscheidungen, deinen Aktivitäten und deiner Lebensführung manipuliert. Und das meist nicht zu deinen Gunsten, zumindest nicht, wenn es sich um negativen Gruppendruck handelt, der leider sehr verbreitet ist.

Auf Dauer gesehen formt dich eine bestimmte Gruppe zu einem Klon – denn alle Mitglieder einer Gruppe ticken in etwa gleich. Sie finden es witzig, wenn sie bei bestimmten Aussagen gleich klingen, nicht wissend, dass eine Uniformierung über ihre eigenen Ansichten gestülpt wurde und aus dem Ich ein Wir geworden ist. Unbewusst werden die Verhaltensweisen der anderen übernommen, denn aus Angst, sich unbeliebt zu machen oder mit seiner Meinung als Einziger dazustehen und in der Folge soziale Ausgrenzung zu erfahren, wird sich mehr und mehr angepasst. Aber es stecken auch Denkfaulheit und Bequemlichkeit hinter der Gleichförmigkeit, denn es ist einfacher, eine Meinung zu übernehmen, als sich selbst eine zu bilden. Zu analysieren und zu reflektieren, das macht Mühe.

Gehirnwäsche und die Auswirkungen der Gruppendynamik zeigen sich schleichend. Manchmal aber auch massiv – viele können gerade aus Corona-Zeiten ein Lied davon singen. Als es um die Themen Impfung, Maskentragen oder Maßnahmen der Regierung ging, waren eben nicht die Beschlüsse der Regierung, sondern Gruppendynamik und Gruppendruck des direkten Umfelds tonangebend.

Gruppendynamik, Gruppendruck oder in der Steigerung Gruppenzwang lassen dich sagen, was du nie sagen wolltest, tun, was du nie tun wolltest, und dich sein, wie du nie sein wolltest. Je enger die Gruppe und je größer der Gruppendruck, umso mehr verlierst du nicht nur an Individualität, sondern auch an Selbstbestimmung. Und umso mehr spielst du eine Rolle, die du dir nicht selbst ausgesucht hast, sondern eine, die dir zugewiesen wurde oder die von dir erwartet wird. Dein Umfeld ist dann keine Inspiration mehr, sondern ist zur diktierenden Zwangsjacke geworden. Das Fatale ist: Die meisten merken das nicht, sondern empfinden ihre Situation so, als sei sie »wie immer«.

Gruppendruck führt dazu, dass der Einzelne auf die eigenen individuellen Wünsche, Bedürfnisse und Interessen verzichtet. So oft erzählt mir jemand, dass er wegen des Gruppendrucks auf Dinge verzichtet hat, auf die er sich vorher lange gefreut hat. Mir fällt da eine Frau ein, die sich zu einem meiner Seminare angemeldet hatte und sich extrem darauf freute. Vergällt wurde ihr das von der »Gruppe«, ihrem Freundeskreis. Da kamen Kommentare wie: »Wofür brauchst du denn so einen Quatsch – hast du persönliche Probleme oder was?« Auf ihre Antwort hin, dass ihr das guttue und sie Persönlichkeitsentwicklung für wichtig halte, erntete sie Gelächter und abfällige Bemerkungen, wie »Geld zum Fenster rauswerfen« und »*Wir* machen lieber ...«. Gut, die Frau hat letztendlich teilgenommen, war also stark genug, sich dem Gruppendruck zu widersetzen. Wer dem Druck jedoch permanent ausgesetzt ist, entwickelt irgendwann keine eigenen Bedürfnisse und Unternehmungen mehr, denn bei jedem erneuten Madigmachen und Verzicht findet eine Programmierung im Gehirn statt, dass du zum Wohle der Gruppe auf Sondertouren verzichten solltest, wenn du nicht an den Rand der Gruppe gedrängt werden willst – oder gar darüber hinaus.

Traurig auch, dass die vermeintlichen Freunde dieser Frau weder ihre inneren Bedürfnisse und Wünsche noch ihre Vorlieben und Interessen kennen. Sollten echte Freunde das nicht wissen? Es geht um deine Wünsche und Bedürfnisse und nicht die der Gruppe. Eine Gruppe wie diese wird deine Interessen also nicht nachvollziehen können, ergo wird sie wenig Verständnis dafür haben und dich auch nicht unterstützen. Überlege und prüfe einmal für dich: Welche Ansichten vertritt »deine Gruppe« und was hält sie an Benefits für dich persönlich bereit?

Die falsche Richtung

Bitte denke daran: Es ist dein Leben! Die meisten Vorschriften, Einschränkungen, Anweisungen, Verbote und Bedingungen dienen dazu, dich zu blockieren, dich »kleinzuhalten«, dich ängstlich, zögernd und missmutig zu machen oder dir gar Selbstzweifel anzuhängen! Ein destruktives Umfeld bringt dich dazu, dich anzupassen, oft den Mund zu halten, zu verzichten, Träume und Wünsche aufzugeben, bei Gruppenaktivitäten dabei zu sein, Individualität abzugeben, Bedürfnisse runterzuschlucken, missmutig bei Entscheidungen zu sein, deine Potenziale weder kennenzulernen noch auszuleben. So lange, bis auf deinem Grabstein steht: »Mein Leben hat allen gefallen, nur mir nicht ...« Dass viele Menschen unzufrieden und wenig begeistert von sich und ihrem Leben zu sein scheinen, findet seine Ursache nicht in dem, was sie getan, sondern in dem, was sie unterlassen haben.

Und so traurig, wie das klingt, ist dies leider doch bei so vielen Menschen – unterschiedlich stark ausgeprägt – das tägliche Leben. Und das meist unbewusst, denn sie würden ihr Leben zwar vielleicht nicht als »schön« beschreiben, ihre Situation aber als »normal« empfinden und bezeichnen.

Wenn das Umfeld krank macht und Lebensfreude vergiftet

Das ist traurig und macht traurig – ja, bei so vielen Menschen kostet das direkte Umfeld sogar noch mehr: Motivation, Begeisterung und Lebensfreude. Schau mal raus: Wie viele Menschen siehst du, die begeistert wirken, die Lebensfreude ausstrahlen? Die wirklich glücklich und zufrieden aussehen? Laut dem Psychologen Sidney Jourard macht die Art unserer Beziehungen – ob soziale, persönliche oder Liebesbeziehungen, kurz: unser Umfeld – ganze 85 Prozent unseres Glücksgefühls aus!

Permanentes Anpassen, ständiger Verzicht und die Unterdrückung der eigenen Bedürfnisse und dazu häufig auch noch ununterbrochenes Gängeln und Lieblosigkeit – das macht nicht nur traurig, sondern das löst Dauerstress aus. Es verwundert also kaum, dass so viele erwachsene Menschen unter Dauerstress, Überforderung und Unzufriedenheit leiden und ihre »Zündschnur« recht kurz ist, da sie bereits damit aufgewachsen sind, oft mehr zu geben, als sie haben, und sich dabei permanent im eigenen Leben hintanzustellen, weil sie die Erwartungen der anderen erfüllen und nach deren Maßstäben leben. Kurz: Sie verzichten auf ein selbstbestimmtes, erfülltes Leben nach eigenen Vorstellungen.

Das kann wirklich ungesund sein. Denn durch Stress werden Adrenalin und Cortisol ausgeschüttet – die beiden sind in lebensbedrohlichen Situationen unsere Retter, aber als tägliche Dauerdroge sind sie nicht nur für Herz und Gehirn schädlich, sondern können sogar Krebs erzeugen.

#ViolasQuicktipp: Ich sehe so viele Menschen, die von Träumen und Wünschen sprechen, als würden diese in unerreichbarer Ferne liegen, da ihr Leben das nicht hergibt. Und ich sehe so viele Menschen, die irgendwie durchhalten – das kann doch nicht der Lebensplan sein!

Das Ziel sollte ein glückliches und erfülltes Leben sein – und das wird zu einem großen Teil von deinem Umfeld bestimmt. Also wähle klug!

Ich erlebe es so oft, wie schnell Menschen in Gesprächen und in meinen Seminaren starke Emotionen zeigen oder gar anfangen zu weinen. Sie weinen nicht, weil sie schwach sind, sondern weil sie so lange stark sein und durchhalten mussten.

Fremdbestimmt

Für ein zufriedenes Leben ist es definitiv wichtig, dass du Zeit mit dir allein verbringst. Diese so wichtige Me-Time ist dafür da, dass du dich eben *nicht* mit jemandem arrangieren oder dich anpassen musst – was immer der Fall ist, wenn du mit anderen zusammen bist –, aber auch dafür, dass du dich ohne Zurücknahme ausleben, deine eigenen Gedanken in Ruhe fassen oder Selbstgespräche führen kannst (sieh sie als Gespräch mit einem intelligenten Menschen, das wir alle nötig brauchen). Zeit, in denen du deinen Dingen – was auch immer es ist – ganz egoistisch nachgehen und vor allem innehalten und reflektieren kannst, ohne permanenten Input von außen. Ja, in dieser Zeit bist nur du dran!

Nur allzu oft höre ich, dass es vielen Menschen nicht möglich ist, mehrmals in der Woche, geschweige denn jeden Tag, sich etwas Zeit nur für sich selbst zu nehmen. Es ist nicht der Mangel an Zeit, sondern der Einfluss des Umfelds, denn erstaunlicherweise scheint die so wichtige Me-Time nicht von ihnen selbst abzuhängen, sondern von ihrem Umfeld!

Reichlich Platz im Kalender ist bei vielen aber für gemeinsame Abende vor der Glotze, ständige familiäre Verpflichtungen oder regelmäßige Aktivitäten in einer Gruppe, die nicht aus Begeisterung und Leidenschaft, sondern oft aus Gewohnheit oder aus der Erwartungshaltung anderer heraus unternommen werden. Es gibt viele Menschen, die ständig familiäre Verpflichtungen haben und diese nicht wollen. Solchen Aktivitäten eine Absage zu erteilen, weil sie keine Lust haben oder eigenen Vorhaben nachgehen wollen, kommt vielen gar nicht in den Sinn! Keine Frage, Pflicht und Kür gehören zum Leben, aber auch in der Pflicht solltest du selbstgesteuert sein.

Dein Leben gehört dir! Die 24 Stunden am Tag gehören dir! Ein ideales positives Umfeld würde die Forderung ständiger Verfügbarkeit nicht stellen und solche Erwartungen nicht haben!

Viele Menschen geben den Erwartungen eines Umfeldes nach, das oft recht gnadenlos über den eigenen Tag verfügt. Wenn du ein Umfeld hast, das so agiert und dir zudem deine Me-Time abspricht, solltest du dringend über ein Umfeld nachdenken, das Respekt davor zeigt, dass dein Tag in erster Linie dir gehört. Zumal du mit einem idealen Umfeld viel mehr Dinge gemeinsam haben wirst, die deine Zeit bereichern, anstatt sie zu rauben oder zu vergeuden.

Sehr viele Menschen leiden unter einer hartnäckigen und fortwährenden Sehnsucht, weil sie ständig wegen ihres direkten Umfelds hinter ihren Möglichkeiten zurückbleiben. So viele Menschen gehen dem eigenen Ich nicht nach und betreiben regelrecht – oft unbewusst – Selbstvernachlässigung.

Auch ein Grund, warum viele Menschen sich nicht lieben: weil ihnen das »Haus« gar nicht gefällt, in dem sie leben – ein Ergebnis permanenter Anpassung. Es macht schlichtweg unzufrieden und nicht glücklich, sich immer hinten anzustellen und fremdbestimmten Aktivitäten um des lieben Friedens willen den Vorrang zu geben.

Beste Freunde oder beste Feinde?

Laut einer Umfrage verbringen 74 Prozent der Deutschen ihre Freizeit am liebsten mit ihren Freunden. Verständlich, denn Freunde sind etwas Wunderbares! Das klingt doch richtig gut, genauso wie: Freunde sind die Familie, die wir uns selbst aussuchen. Und genau deshalb hast du sicher mit dem feinsten Sieb gefiltert und ausschließlich Menschen zu deinen Freunden gemacht, auf die du in jeder Lebenslage zählen kannst, die dich halten, wenn der Sturm des Lebens über dich hinwegfegt, die mit dir Pläne schmieden, Abenteuer unternehmen, sich neidfrei mit dir über alle deine Erfolge freuen, die dir Energie geben und von Herzen das Allerbeste gönnen und die dir genügend Raum für eigene Meinung und Selbstbestimmung lassen.

Sie machen dich klein oder groß

Hört sich super an, oder? Leider ist das bei vielen Freundschaften eher eine Wunschliste, die hart von der Wirklichkeit abweicht. Mit Sicherheit kennst du nämlich auch den Ausspruch: »Wer solche Freunde hat, braucht keine Feinde.« Hinter dem oft im Scherz gesagten Spruch steckt aber eine bittere Wahrheit: denn Freunde können dich sehr behindern, blockieren, dich ausbremsen, dir Energie rauben, dir deine Ziele und Vorhaben madig machen. Ob tolle Ideen oder Veränderungen, die du planst: Deine Freunde sagen dir schnell, was sie davon halten. Deine Freunde können dich groß werden lassen oder kleinmachen, sie können dich bestärken oder mit kleinen Anmerkungen immer kritisieren und nörgeln, sie können an dich glauben, sich über deine Erfolge freuen und dich hochleben lassen oder missgünstig und neidisch sein darauf, wer du bist, wie du bist und was du tust. Sie können dich aber auch genau dafür lieben und dich akzeptieren. Andere wiederum wollen dich verändern. Oder dich als Energieräuber und Sorgenmüllhalde benutzen.

Ja, Freunde haben einen immensen Einfluss auf dich und dein Leben – vielleicht mehr, als du bisher geahnt hast –, genau deshalb sind die richtigen Freunde so wichtig wie kaum etwas anderes. Trotzdem machen sich so viele Menschen keine Gedanken über die Auswahl ihrer Freunde und checken auch nicht ab, ob diese die Kriterien echter Freundschaft erfüllen oder nicht. Die vermeintlich besten Freunde sind nicht gleich Feinde, aber echte Freunde sind sie bei näherer Betrachtung auch nicht.

Aber Gott sei Dank trifft das nicht auf alle zu, denn wir brauchen echte Freunde wie die Luft zum Atmen. Wirkliche Freunde sind

- die besten Zuhörer der Welt,
- Ideen- und Ratgeber,
- oft wie Bruder oder Schwester,
- manchmal auch wie Mami und Papi,
- Unterstützer,
- unser Halt und Strohhalm und
- eine absolute Bereicherung für unser Leben.

Beste Freunde sind großartig, denn sie

- lieben dich einfach,
- schenken Vertrauen,
- stehen bedingungslos zu dir,
- knüpfen ihre Freundschaft nicht an Bedingungen,
- halten die Wahrheit aus,
- lassen dich tabulos über jedes Thema sprechen,
- üben konstruktive Kritik,
- erweitern deinen Horizont,
- bringen das Beste in dir hervor,
- sprechen dir Mut und Motivation zu, wenn beides dich mal verlässt, und
- lassen dich einfach so sein, wie du bist.

So sind wahre Freunde. Und? Hand aufs Herz – treffen diese Qualitätsmerkmale auf deine Freunde zu?

Verschick doch mal eine Postkarte

Auf meinen Vortrags- und Seminarreisen an Bord der AIDA habe ich es mir zur Angewohnheit gemacht, von den schönsten Plätzen dieser Welt Postkarten zu verschicken – einmal habe ich sogar die »Blaue Mauritius« als Briefmarke aufgeklebt –, und oft berichte ich knapp gedrängt von einem kleinen Erlebnis. Postkarten zu verschicken ist heute eine Seltenheit geworden, deshalb fällt es auf, wenn man das mit stoischer Regelmäßigkeit macht. So fiel das auch einem Pärchen bei einer Reise auf, das mich mehrmals beim Postkartenschreiben beobachtet hatte. Neugierig sprach es mich an und fragte, an wen ich denn Postkarten verschicken würde.

»Meist an ein paar gute Freunde. Das ist toll – so können sie an der Reise teilhaben und später sehen wir uns manchmal die Postkarten an und mir fallen dann noch ein paar Geschichten ein«, sagte ich und fügte auffordernd hinzu: »Das müsst ihr auch mal machen!« Erst nickten die beiden, doch dann sagte die Frau sofort: »Nee, das geht nicht. Unsere Freunde wissen ja nicht mal, dass wir auf dem Schiff sind. Denen haben wir erzählt, dass wir auf einem Seminar sind«, sagte sie und winkte belustigt ab. »Wir waren nämlich dieses Jahr schon zweimal auf Kreuzfahrt, und wenn die hören, dass wir ein drittes Mal eine Reise machen, dann ist aber was los. Die fragen dann, ob wir über Nacht reich geworden sind oder ob und wie wir uns das überhaupt leisten können oder ob das nicht ein bisschen viel ist, immer nur durch die Welt zu tingeln, und so weiter. Und um dem aus dem Weg zu gehen, haben wir einfach gesagt, dass wir beim Seminar sind – da fragt keiner nach.«

Ich erinnere mich, dass ich die beiden ansah, nickte und wie immer beherzt aussprach, was ich dachte: »Es tut mir wirklich leid, dass ihr keine echten Freunde habt.« Ich deutete aufs Schiff: »Schaut euch um, vielleicht findet ihr auf dieser Reise Menschen, die die gleichen Interessen haben wie ihr und die sich über eure Erlebnisse und vielen Unternehmungen mitfreuen – die haben das Potenzial, echte Freunde zu sein.«

Diese Geschichte ist kein Einzelfall und stimmt nachdenklich. Aber unabhängig vom Anlass: Wenn wir bei unseren Freunden Vorlieben, Freude, Erlebnisse, Außergewöhnliches und das, was wir erleben, unterdrücken oder verheimlichen müssen, wenn wir zwar sagen können, dass es uns mal nicht gut geht (was schnell Verständnis findet), aber nicht, dass es uns *richtig gut* geht, oder wenn wir etwas Besonderes erleben – dann widerspricht das den Kriterien echter Freundschaft. Spätestens wenn wir zu hören bekommen: »Das können *wir* uns nicht leisten!« oder »Na, du bist jetzt wohl was Besseres?!«, sollten die Alarmglocken klingeln.

Sobald du dich verstellen, Dinge verheimlichen, Geschichten erfinden oder gar lügen musst, läuft etwas gewaltig schief in der vermeintlichen Freundschaft. Genauso, wenn die hässlichen Gefühle Neid und Missgunst im Spiel sind oder ein paar andere Kriterien, die bei wirklichen Freunden nicht zu finden wären.

Ein aussagekräftiges Ergebnis liefert eine Studie, die in Tel Aviv mit Studenten unternommen wurde, die angeben mussten, wen sie als ihre Freunde einstuften. 95 Prozent der Studenten gingen davon aus, dass die Personen, die sie als Freunde bezeichnet hatten, die Freundschaft erwiderten. Das ernüchternde Ergebnis brachte hervor, dass dies nur bei 50 Prozent der Personen der Fall war. Tatsächlich gibt es kein Prinzip, nach dem freundschaftliche Gefühle automatisch auch beim anderen freundschaftliche Gefühle hervorrufen. Von einer solchen Gegenseitigkeit wird jedoch allzu oft ausgegangen. Das bedeutet zwar nicht, dass man den Menschen egal ist, aber offenbar hat man nicht den Stellenwert, den man sich vorstellt.

Ja, Menschen und somit auch Freunde einzuschätzen, ist wohl nicht so leicht, und ihnen in den Kopf zu gucken, gänzlich unmöglich. Aber du hast drei Dinge, die dir dabei helfen, deine Freunde gut einschätzen zu können:

- dein innerstes Bauchgefühl (das du bestimmt auch gerne mal ignorierst oder vom Kopf totschwatzen lässt),
- du hast das, was die Freunde sagen, und
- du siehst, wie sie handeln.

Denn auch wenn du deinem Bauchgefühl manchmal nicht ganz trauen kannst, dein Ohr manchmal hört, was es heraushören will, so kannst du doch eins unmissverständlich erkennen: wie Freunde sich verhalten! Wie ist das bei dir? Kannst du deine Freunde gut einschätzen? Kannst du mit Überzeugung sagen, dass sie echte Freunde sind? Hast du ihnen schon mal auf den Zahn gefühlt? Kannst du sagen, wer dir guttut? Und warum?

Die Qualitäts-Checkliste für Freunde

Ich habe eine Checkliste für dich, in der ich zusammengestellt habe, wie Freunde sein sollten. Sie eignet sich bestens dafür, deine Freunde zu beleuchten und ein paar Punkte zu hinterfragen. Statt aus ein paar Statements – die oft nur den trägen Verstand ansprechen und denen du vielleicht gedanklich zustimmen oder die du mit »Ah ja« kommentieren würdest – besteht diese Checkliste aus tiefgehenden Fragen, bei denen dein reger Geist gefragt ist. Ja, jetzt bist du dran, aktiv zu werden, denn dein Umfeld und dein Leben einem Detox zu unterziehen, bedeutet Aktivität!

Diese Checkliste braucht etwas Zeit, sie braucht definitiv Ehrlichkeit, manchmal auch etwas Überwindung und vielleicht tut manche Antwort auch weh. Beantworte die Fragen trotzdem, denn wenn sie wehtun, kennst du sie bereits. Beantwortest du sie nicht, verlierst du wertvolle Zeit, verpasst die Chance und Gelegenheit zu einer Veränderung, die durch ebendiese Erkenntnis ausgelöst werden kann, und auf ein glücklicheres und erfolgreicheres Leben, weil du deine kostbare Zeit vielleicht mit den falschen Freunden verbringst.

Damit es dir leichter fällt und du besser verstehst, wie du die Fragen bestmöglich beantworten kannst, habe ich die Fragen durch präzisierende Fragen ergänzt. Erschrick nicht wegen der Anzahl der Fragen. Auch nicht, wenn mit Sicherheit ein, zwei Fragen dabei sind, die du dir noch nie über deine Freunde gestellt hast. Und bitte auch nicht, wenn du nicht gleich eine Antwort findest. Fragen sind das beste Tool, um Antworten, Klarheit und Lösungen zu bekommen und den Dingen auf den Grund zu gehen. Um deiner selbst willen solltest du alle Fragen beantworten – denn nur bei gründlicher Analyse gelingt ein echter Qualitätscheck. Und den solltest du auf jeden Fall bei deinen Freunden machen! Denn sage mir, mit wem du umgehst, und ich sage dir, wer du bist oder zu wem du wirst, und auch, wie dein Leben verläuft. Das ist nur allzu wahr!

#ViolasQuicktipp: Um die Checkliste richtig anzugehen und bestmögliche Ergebnisse zu erhalten, schreibe mit Bleistift den jeweiligen Namen der Freundin oder des Freundes obendrüber, an die oder den du bei der Bearbeitung der Checkliste denkst. Schreibe die Antworten hier ins Buch, auf ein Extrablatt oder in ein Notizheft. Manche Antworten werden etwas mehr Platz brauchen, denn mit einem schlichten Ja oder Nein kommst du hier nicht wirklich weiter. Und ohne Aufschreiben auch nicht – glaub es mir. Zumal manche Antworten etwas länger brauchen oder du sie dir noch mal ansehen möchtest. Wenn du zuverlässige Ergebnisse haben und einen wirklichen Qualitätscheck machen willst, empfehle ich sehr, dieser Vorgehensweise zu folgen.

Los geht's!

Die A-bis-Z-Checkliste für Freunde

a. Welche Eigenschaften und Qualitäten schätzt du besonders bei X?
b. Ist X Energiegeber oder Energieräuber? Wie zeigt sich das?
c. In Bezug auf welche Werte stimmst du mit X überein? Wie zeigt sich das in Wort und Aktivitäten?
d. Hast du die gleichen Ziele wie X? Wenn ja, welche sind das? Habt ihr gemeinsame Ziele? Wenn ja, welche?
e. Unterstützt und motiviert dich X bei deinen Vorhaben, Ideen? Wie zeigt sich das? Oder macht X dir deine Vorhaben madig oder bombardiert sie mit Wenn und Aber?
f. Redest du mit X in der Mehrheit über Probleme oder andere Menschen? Oder redet ihr über Ideen und Pläne?
g. Ist X Problemlöser oder Problembereiter? Wie und womit war X bei welchem Problem für dich da? Wurde das Problem nur besprochen oder wurden auch konstruktive Vorschläge für eine Lösung gemacht?
h. Kannst du bedenkenlos Nein sagen zu X, wenn dir etwas nicht passt oder du keine Lust hast?
i. Hast du mit X gemeinsame Aktivitäten, die euch lernen und wachsen lassen und euch Erfolge bringen?
j. Welche konkreten Weiterentwicklungen in welchen Bereichen konntest du bei X in den letzten sechs Monaten feststellen?
k. Liebt sich X selbst? Wenn ja, wie äußert sich das?
l. Kannst du X sagen, dass du dich selbst liebst, dass du stolz auf dich bist? Kannst du positiv über deine Talente, Fähigkeiten und Vorzüge reden? Hast du das schon einmal getan? Wie reagiert(e) X darauf?
m. Besitzt X Lebensfreude? Ist sie / er ein lebensfroher Mensch? Wie zeigt sich das?
n. Zeigt X Leidenschaft für das, was sie / er tut? Brennt sie / er für etwas?
o. Folgt X kontinuierlich den eigenen Zielen? Welche sind das?
p. Ist X ein Mutmacher? Oder äußert sie / er bei allem Zweifel, Ängste und Bedenken? Welche sind das?

q. Liebt X dich? Wofür genau liebt dich X? Sagt sie / er dir das auch? Und wenn ja, wie?
r. Hat X ihre / seine Lebensträume verwirklicht? Welche sind das?
s. Hast du wirklich eine gute Zeit mit X? Vermittelt sie / er dir ein gutes Gefühl? Wie zeigt sich das?
t. Gibt es bedingungslose Unterstützung von X für deine Unternehmungen und Pläne? Nenne Beispiele.
u. Liebst du X? Wenn ja, wofür genau?
v. Kannst du bei X alles aussprechen, was du fühlst und denkst? Kannst du bedenkenlos die Wahrheit aussprechen und über deine Bedürfnisse reden?
w. Kannst du bei X wirklich genau so sein, wie du wirklich bist – ohne Anpassung oder Zurücknahme? Bist du völlig angstfrei?
x. Konkret: Kannst du dich bei X frei äußern und tabulos reden über Sex, Geld, peinliche Momente, große Ziele, verrückte Ideen, deine politische Meinung? Wann und wie hast du das bereits getan?
y. Hat X schon einmal gesagt, dass sie / er stolz auf dich ist? Und dass sie / er dankbar ist, dass ihr miteinander befreundet seid? Mit welchen Worten hat sie / er das ausgedrückt?
z. Was genau bringt dir die Freundschaft mit X? Liste die Pluspunkte auf.

Vielleicht bist du selbst noch nie so tief in deine Freundschaften eingestiegen, vielleicht hast du gute, vielleicht auch nicht so gute oder gar überraschende Antworten bekommen. Das ist nicht nur eine Checkliste, sondern auch eine Liste, die dich zum Nachdenken und Handeln anregen soll.

Wen willst du in deinem Umfeld haben? Und wen nicht? Wen willst du, damit es dir gut geht, du glücklich bist, weiterkommst, deine Potenziale ausschöpfen und dein Leben nicht nur wirklich leben, sondern in vollen Zügen genießen kannst? Denn dein direktes Umfeld, ergo deine Freunde, entscheiden maßgeblich darüber, wie du dich fühlst und was mit dir geschieht.

Überlege und entscheide also, wo sich ein Gespräch und eine Chance noch lohnen oder wo es besser ist, den Betreffenden zu verabschieden. Glaube nicht, dass du möglichst viele Freunde haben musst – wenn du eine beste Freundin oder einen besten Freund hast und ein, zwei oder gar drei weitere wirkliche Freunde, dann bist du bereits reich beschenkt.

#ViolasQuicktipp: Freundschaften bestehen aus Geben und Nehmen. Wenn du deine Freunde mithilfe der zuvor genannten Liste durchgecheckt hast, dann nimm die Liste für dich zur Hand und gehe sie für dich selbst durch – welche Punkte erfüllst du davon für deine Freunde und wie lauten deine Antworten? Denn viele Menschen erwarten so viel von anderen und haben doch oft selbst nur wenig zu geben. Ja, frage dich: Wie würde dein direktes Umfeld, dein Freundeskreis aussehen, wenn jeder sich so verhalten würde wie du, wenn jeder so wäre wie du? Wenn du selbst nicht viel zu geben hast, wirst du auf Dauer nicht jene wunderbaren Menschen finden, die die Prinzipien einer wirklichen Freundschaft verstanden haben und leben. Eine wichtige Eigenschaft, die du dir antrainieren solltest, um solche Menschen anzuziehen – falls sie noch nicht zu deinem Umfeld gehören –, ist, anderen durch deine Worte und Handlungen zu zeigen, dass sie wichtig und wertvoll sind. Menschen werden dich nicht nur dafür achten, mögen und wertschätzen, sondern auch gern in deiner Gesellschaft sein. Und du selbst wirst dadurch auch besser werden und dich besser fühlen.

Der Feind im eigenen Bett?

Jeder Mensch trägt Sehnsüchte und den Wunsch nach einem erfüllten Leben nach den eigenen Vorstellungen in sich, in dem er sich entfalten und ausleben kann. Ich glaube, es lässt sich wohl ausnahmslos sagen: Jeder möchte ein angenehmes Leben ohne Probleme haben. Und glücklich sein.

Himmel oder Hölle?

Allerdings gibt es einige Faktoren, die dafür verantwortlich sind, dass das Leben nicht immer so läuft, wie wir uns das vorstellen. So kann es passieren, dass ausgerechnet der Mensch, den du dir unter acht Milliarden Menschen als *die* Partnerin oder *den* Partner ausgesucht hast, der Verwirklichung deiner Vorstellungen im Wege steht. Was ist, wenn derjenige, der Energiegeber sein sollte, zum Energieräuber geworden ist? Und der Ideen gebende Problemlöser zum Ideen-madig-Macher oder zum Problemerschaffer geworden ist? Was, wenn der Mensch, der dich lachen machen soll, dir täglich deine Lebensfreude raubt? Was, wenn der einstige Traumpartner gar zum Feind im eigenen Bett geworden ist?

Was als »match made in heaven« begann, ist bei vielen Paaren fast ein »welcome to hell« geworden: faule Kompromisse, ein lebloser Beziehungsalltag, Langeweile, öde Routinen, eine verkehrsberuhigte Zone, ein liebloser, respektloser Umgang, Verbote und Drohungen, dazu enttäuschte Erwartungen, viele Abhängigkeiten, eine Menge Wut, manchmal Hass, bis dass der Tod sie scheide ...

Zu krass? Wohl kaum! Ich habe Augen und Ohren offen gehalten und stelle die kühne These auf, dass etwa 90 Prozent aller Beziehungen – dazu rechne ich alle, auch Ehen – auf einer Skala von eins bis zehn eher im unteren Bewertungsbereich zu finden sind. Auch ein oft gehörtes »Okay« ist wohl kein ausreichendes Prädikatssiegel.

Der Arsch im Bus

Ich erinnere mich an eine meiner Vortrags- und Seminarreisen auf einem Kreuzfahrtschiff. Eines Tages hatten wir in Kambodscha angelegt und ich hatte mich für einen Gruppenausflug mit dem Bus zu einer Tempelanlage entschieden. Toiletten waren während der Tour dünn gesät, so herrschte ein großer Run auf ein weißes Toilettenhäuschen. Im Gänsemarsch liefen wir Frauen den Trampelpfad zur Toilette und machten ein paar Witze über die Toilettengewohnheiten von Frauen und Männern.

Nie werde ich vergessen, wie Monika, die etwa Mitte sechzig sein musste und mit ihrem wuscheligen blondgrauen Haar, ihrem Stricktop und kurzen Shorts vor mir herging, im Gehen ihren Kopf über die Schulter drehte und mir zurief: »Mädel, du bist immer so gut drauf und hast so eine Lebensfreude, egal, wo und wann man dich trifft – du musst Single sein!«

Zu der Zeit war ich Single und witzelte aus einer übermütigen Laune heraus: »Stimmt. Ich hab doch schon einen Arsch.« Ich klopfte mir auf den Hintern und ergänzte: »Also warum soll ich mir noch einen holen?«

Was dann kam, hatte ich nicht erwartet. Monika blieb stehen und sagte ernst: »Du bist schlau!« Sie zeigte den Weg hinauf. »Mein Arsch sitzt im Bus!« Hinter mir tönte eine rauchige Frauenstimme: »Meiner auch!« Noch weiter hinten: »Meiner sitzt hinter ihrem!«

Vielleicht hätte ich es einfach dabei belassen und als witzige Antworten nehmen sollen, als die sie sicher gedacht waren. Meinem Job geschuldet, waren mir aber die Resignation und Unzufriedenheit aufgefallen, die den Antworten der drei so unterschiedlichen Frauen den gleichen leicht bitteren Tonfall gegeben hatten. Ich konnte gar nicht anders, als Monika zu fragen: »Ja, aber warum bist du denn dann noch mit ihm zusammen?«

Sie winkte ab: »Na, aus Gewohnheit. Der kommt doch auch alleine nicht zurecht. Und was soll ich denn in meinem Alter noch ändern?«

Ich bin ein sehr empathischer Mensch, und ich stellte mir vor, aus welcher Gedanken- und Erlebniswelt, ja, aus welchem alltäglichen Eheleben diese Sätze als Essenz geflossen waren. Und das berührte mich. Es ist schade, wenn Menschen sich angesichts einer unglücklich machenden Situation geschlagen geben und nicht mehr versuchen, sich aus ihr zu befreien. Egal, ob Frau, ob Mann – es kann jeden treffen, wie die folgende Geschichte zeigt.

Stell dich nicht so an!

Einmal gab es einen Zwischenfall an Bord, bei dem der Arzt bei einem Passagier Herzinsuffizienz festgestellt und im Hafen den Hubschrauber geordert hatte, um den akut gefährdeten Mann umgehend ins nächste Krankenhaus zu verfrachten. Im Eiltempo kam die Frau herbei und schrie zum Erstaunen aller Anwesenden ihren Mann an: »Stell dich nicht so an! Das hast du doch öfter! Jetzt hast du uns schön den Urlaub versaut. So 'ne Scheiße! Ich muss jetzt erst mal überlegen, ob ich mit ins Krankenhaus fahre oder ob ich allein weiterfahre.« (Ich entschuldige mich hiermit für die Wortwahl, aber das war der Originalton.)

Das ist nicht nur lieblos, das ist herzlos und boshaft! Mir wurde sofort klar, welcher Beziehungsalltag da gelebt wurde, wenn schon diese Grenzen überschritten waren! Und ich malte mir aus, wie es wohl erst ohne Öffentlichkeit zugehen würde. So ein Leben macht auch krank! Und verbittert und unglücklich.

Seitdem war es wie mit dem roten Auto. Kennst du das? Du hast ein rotes Auto gesehen und überlegst, ob du so eins kaufen sollst, glaubst aber, dass heutzutage keiner mehr ein rotes Auto fährt. Und genau ab dem Tag werden dir unglaublich viele rote Autos begegnen, wie um zu beweisen, dass es jede Menge, ja fast nur noch rote Autos gibt.

So ging es mir mit den Paaren – ob ich sie bei meinen zig Kreuzfahrten beobachtete, ob ich sie auf der Straße miteinander reden hörte, ob ich sie im Restaurant mit verschränkten Armen einander gegenübersitzen sah, ob ich sie beim Einkaufen bei ihrer lieblosen, genervten Kommunikation belauschte oder auf Events beäugte und »sezierte« oder ob ich mit meinen Kunden Einzelgespräche führte, die, selbst wenn sie sich um Businessthemen drehten, am Ende oft bei deren Partner landeten – all das brachte mich zu der These, dass bei etwa 90 Prozent der Menschen der Feind im eigenen Bett liegt!

Permanente Anpassung, Verzicht auf das eigene Lebensmodell, das Aufgeben von Träumen und Plänen und fehlende Entwicklung in der Beziehung sind einige der Gründe, warum sich Unzufriedenheit und Enttäuschung breitmachen, die an dem Partner ausgelassen werden oder für die er verantwortlich gemacht und zum heimlichen Störfaktor deklariert wird.

Fatal! Denn der Einfluss des Partners auf das eigene Leben ist so immens, dass sich sagen lässt: Ein schlechter Partner ist genauso schädlich wie schlechtes Essen, zu viel rauchen, trinken oder eine schleichende Vergiftung.

Aber es geht auch anders, denn es gibt ihn: den Partner, der unser Lieblingsmensch ist, der uns wertschätzt, unterstützt, potenziert, wachsen lässt, ja, beflügelt – der an uns glaubt und uns versichert: »Du schaffst das!« Der uns liebt und einfach möchte, dass es uns gut geht. Er weiß, dass es auch ihm dann gut geht. Ein Mensch, der nicht unsere Potenziale und Sehnsüchte hemmt oder gar blockiert, sondern unterstützt und fördert. Der mit unserem Lebensmodell übereinstimmt oder gar ein gemeinsames mit uns erschafft. Der stolz auf uns ist und dankbar, dass wir mit ihm zusammen sind, und der das sagt und zeigt. Jener »One in a Million«, der unser Leben verbessert, uns besser macht, das Sahnehäubchen! Der Mensch, bei dem wir mit strahlenden Augen Hunderte von Gründen aufzählen können, warum wir ihn lieben, wertschätzen und respektieren und warum dieser Mensch derjenige ist, den wir für unsere paar so wertvollen und einzigen Lebensjahre mit voller Begeisterung und Zustimmung ausgesucht haben.

Das gibt es doch gar nicht? Klingt zu extrem? Bei 10 Prozent der Beziehungen ist aber genau das Liebes-, Lebens- und Partneralltag!

Wenn der Partner dir nicht (mehr) guttut

Viele meiner Kunden sind Selbstständige oder auch Networkmarketer. In diesem Bereich habe ich es nur allzu häufig erlebt, dass es ausgerechnet der Partner ist, der den beruflichen Weg madig macht, der eine destruktiv wirkende Erfolgs- und Motivationsbremse ist. Der Schritt in die Selbstständigkeit ist kein leichter und für viele eine große Umstellung, verbunden mit Risiken, einer großen Verantwortung, Investition von Zeit und Geld. Es gibt auch hin und wieder Fehlentscheidungen, Rückschritte, und vor allem braucht es seine Zeit, sein eigenes Unternehmen aufzubauen und in Gang zu bringen. Und nicht nur – aber besonders – in dieser Phase braucht es Unterstützung, Fürsprecher, Motivatoren. Leider habe ich nur allzu oft gehört, dass der Partner jedoch genau das nicht war. »Der Quatsch bringt doch nichts!« oder »Es ist Sonntagabend, willst du nicht wie alle Menschen mal zur Ruhe kommen und mit mir vorm Fernseher sitzen?« oder: »So was kauft doch keiner« oder: »Willst du nicht was Vernünftiges machen, was Geld bringt?«.

Das klingt nicht nur deprimierend und sehr respektlos, sondern ist auch ein klares Anzeichen dafür, dass die Beziehung nicht gut läuft und der Partner ein Demotivator und Madigmacher ist. Zudem wird auch deutlich, dass er seinem Partner wohl nicht allzu viel zutraut, denn ein guter Partner sollte dem anderen so viel Verstand und Einschätzungsvermögen unterstellen, dass dieser sich wohl eingehend mit seinem Vorhaben beschäftigt und entsprechend etwas wissentlich für sich ausgesucht hat. Oftmals weiß der Partner nicht einmal genau, worum es geht. Hinter der Ablehnung aus rein egoistischen Gründen stecken auch persönliche Ängste, weil er sich das selber nicht zutrauen würde, oder auch Ängste, dass es einen Teil im Leben des anderen gibt, zu dem er nicht gehört oder der an seiner Bequemzone knabbert. Dasselbe gilt auch für andere Bereiche: Es muss nicht der Aufbau eines eigenen Unternehmens sein, es reichen auch weniger große neue Ideen, Vorhaben und Veränderungswünsche, um versteckte Ängste des Gegenübers zu wecken.

Keine Frage: Konstruktive Kritik und interessiertes Nachfragen sind wichtig, aber nur wenn der andere sich wirklich mit dem Thema auskennt oder zumindest erst einmal Fragen stellt, worum es genau geht, welche Vorgehensweise, Motivation und Zielstellung dahinterstecken. Dazu gehören Vertrauen und Kommunikation. Aber gerade das Wie des Miteinander-Redens – offen, direkt und tabulos – zeigt oft ein großes Manko in sehr vielen Beziehungen und ist ein dicker Brocken auf der Minusseite der Waagschale, was langsam, aber stetig dazu führt, dass es abwärtsgeht.

Der Mensch an deiner Seite sollte nicht nur ein Partner sein, eine Weggefährtin, ein Kamerad, eine zuverlässige Freundin, ein liebevoller Unterstützer und Motivator, sondern er sollte auch deine Geliebte oder dein Geliebter sein. Das Aufwachen am Morgen sollte voller Freude sein, ein liebevolles Begrüßen und nicht ein gewohnheitsmäßiges Übersehen oder gar Genervtsein. Ein klares Anzeichen, dass es in die falsche Richtung geht und dringend ein paar elementare Dinge hinterfragt werden müssen, ist, wenn man nicht mehr wirklich oft miteinander lachen kann, einfach nicht mehr richtig glücklich ist, es immer weniger Wertschätzung, Nähe, Leidenschaft oder einfach Zärtlichkeiten gibt. Auch wenn du einfach genervt bist von ihr/ihm, du deine Zeit lieber allein oder mit anderen verbringst – kurz: wenn ihr nebeneinanderher lebt.

Wenn du mir jetzt vielleicht sagen willst, dass das eben der Alltag ist und der Alltag Beziehungen frisst, dann antworte ich dir: Aber den Alltag gestaltest doch du oder ihr, das ist nichts Vorgegebenes. Wenn ihr natürlich jeden Abend auf der Couch vorm Fernseher hockt, voreinander pupst, euch in der Liebeskiller-Wohlfühlzone gehen lasst, keine eigenen Erlebnisse kreiert, nichts zum Austauschen habt, kein Lernen und Wachstum erlebt und keinen Input von außen bekommt, ist das in der Tat ein abtörnender Beziehungsalltag, in dem der Frust schon hartnäckig an die Tür klopft.

Und wenn du mir jetzt auch sagen möchtest, dass es wohl immer mal gute und weniger gute Phasen in einer Beziehung gibt, dann antworte ich: Wir reden hier nicht von Phasen, sondern von der grundsätzlichen Qualität der Beziehung, aber vor allem von der Qualität des Partners – denn Wertschätzung, Liebe, Dankbarkeit und Werte sind keine phasenabhängigen Ereignisse, sondern Charaktereigenschaften.

#ViolasQuicktipp: Bei all meinen provozierenden Aussagen, ernüchternden Wahrheiten, ausführlichen Checklisten und bohrenden Fragen geht es schlichtweg nur um die eine Frage: Hast du einen Freund oder Feind im eigenen Bett?

Denn deine Partnerin oder dein Partner – und ich erzähle das schon zum wiederholten Male, weil es einfach so wichtig ist – ist der entscheidende Faktor, der dein Leben, einfach ausgedrückt, verbessert oder verschlechtert. Es gibt niemanden, der dich mehr prägt und größere Auswirkungen auf dein Leben hat! Und du kannst nicht Business fliegen, wenn du Economy buchst – wenn du meine Metapher verstehst.

Der Qualitätscheck des Partners

Der Mensch, den du dir unter acht Milliarden ausgesucht hast, sollte der Mensch sein, der in allem, was dir wichtig ist, die höchstmögliche Punktzahl bekommt. Um es dir leichter zu machen, habe ich drei Checklisten von Fragen für den Qualitätscheck deines Partners beziehungsweise deiner Partnerin erstellt, die dir auf verschiedene Weise aufzeigen sollen, wo du mit ihm / ihr stehst.

Viele Menschen fürchten sich vor Fragen, die in die Tiefe gehen. Die Wahrheit ist aber, dass sie sich nicht vor den Fragen, sondern vor den Antworten fürchten, die sie im Grunde bereits kennen und genau deshalb fürchten. Realistisch betrachtet besteht die wahre Angst darin, die Antworten endlich einmal auszusprechen und somit ihre Geltung anzuerkennen. Die Fragenden fürchten sich also vor dem Schmerz der Erkenntnis.

Du solltest verstehen, dass die Antworten keine Befreiung von dem Schmerz, der Enttäuschung und dem Frust bringen, von den Gefühlen also, die viele – vielleicht auch du – in sich haben. Aber sie führen dazu, dass du den Schmerz, deine Ängste, dein Leid und/oder deine unerfüllten Sehnsüchte verstehen lernst. Und dann gilt es, aus diesem Schmerz zu lernen, es zukünftig besser zu machen, sorgfältiger, gewissenhafter und aufmerksamer vorzugehen. Dann hatte der Schmerz den wunderbaren Sinn, dass du etwas lernen solltest, was du brauchst, um in Zukunft glücklicher zu leben.

Partner-Checkliste 1
Der Mantelcheck

Der »Mantelcheck« ist eine auf den ersten Blick einfache Checkliste, die auf leichte Art und mit etwas Humor daherkommt, aber dennoch mit einer guten Portion Ernsthaftigkeit das Thema Partnercheck angeht. Denn dieses Thema ist kein leichtes, erst recht nicht, wenn du einen wirklich gewissenhaften Check machen und daraus wohl Konsequenzen – welcher Art auch immer – ziehen möchtest.

Die Idee zu diesem Check kam mir, als ich meinen Kleiderschrank aufgeräumt und abgecheckt habe, was ich überhaupt noch brauche. Als ich gerade meinen dunkellila Mantel in der Hand hielt, der den Test nicht bestanden hatte, rief eine Bekannte an, um mir zu erzählen, dass sie Streit mit ihrem Mann gehabt habe und nun ernsthaft überlege, ob sie nicht trotz oder wegen der 16-jährigen Ehe besser ohne ihn dran sei. Solche Fragen beantworte ich nicht, aber ich habe ihr aufgezählt, welche Fragen ich mir zu meinem Mantel gestellt habe:

- Sitzt der noch?
- Würde ich den noch mal kaufen? Und wenn ja, warum?

- Ist der schon verschlissen?
- Passt der zu mir und meinem Lifestyle?
- Mag ich ihn noch oder behalte ich ihn aus Gewohnheit?
- Kann ich mit ihm noch Eindruck machen?
- Fühle ich mich noch wohl mit ihm?
- Hält er mich warm, wenn mir kalt ist?
- Würde es überhaupt auffallen, wenn er nicht mehr da wäre?
- Wäre ich im Grunde froh, wenn ich ihn los wäre?
- Würde er endlich Platz machen für etwas Neues?
- Lässt er mich besser aussehen?
- Wertschätze ich ihn noch?

Wie du vielleicht festgestellt hast, kommst du bei den Antworten meist mit einem Ja oder Nein aus. Das bringt auch schon eine Erkenntnis.

Aber wenn du wirkliche Klarheit willst, wenn du wirklich dir selbst darüber Rechenschaft ablegen willst, was diesen einen Menschen dafür qualifiziert, an deiner Seite stehen zu dürfen, ob er die essenziellen Punkte eines idealen Partners erfüllt, ob er Zwangsjacke oder Inspiration ist und damit verbunden dein Leben qualitativ ab- oder aufwertet, wirst du um die folgenden beiden Checklisten nicht herumkommen.

Partner-Checkliste 2
Die A-bis-Z-Checkliste

Im voranstehenden Kapitel ging es um deine Freunde und deren Qualitätscheck. Nimm jetzt die A-bis-Z-Checkliste, die du bereits für deine Freunde genutzt hast, für deine Partnerin / deinen Partner. Hast du diesen Check bereits für deine Freunde gründlich durchgeführt, dann solltest du jetzt noch gewissenhafter sein, denn es geht um den Menschen, den du an den bedeutungsvollsten Platz, den du zu vergeben hast, gestellt hast. Deshalb sollte er in allen Kriterien, die dir wichtig sind, die höchste Trefferquote erzielen. Das bedeutet nicht, dass er makellos sein muss, das ist niemand. Vielmehr geht es darum, dass er deine Bedürfnisse, Wünsche und Träume ebenso kennt wie deine Motivation und deine Werte, diese unterstützt und wertschätzt. Es geht darum, dass er dich darin bestärkt, deinen Weg zu gehen, stolz auf dich ist, dass du deine Ideen verfolgst und für deine Interessen kämpfst. Und dass er dich siegen sehen will.

Nimm also die A-bis-Z-Checkliste zur Hand und beantworte die Fragen schriftlich (!) und so ausführlich wie möglich, denn ohne es schriftlich zu machen, wird es nichts werden. Zumal das deine ganz persönliche Lektüre ist, mit der du dich noch ein paarmal beschäftigen solltest. Die einzige Abweichung gibt es bei Frage z., die bei deinem Partner beziehungsweise deiner Partnerin lautet:

z. Was genau bringt dir die Beziehung? Liste die Pluspunkte auf.

#ViolasQuicktipp: Es geht weder bei der A-bis-Z-Checkliste noch bei der nachfolgenden Liste darum, mit diesen Fragen eine Challenge im Schnelldurchlauf mit dem Ziel »Hauptsache, ich bin durch« abzuliefern. Diese Fragen brauchen Zeit – und ich rede nicht nur von ein paar Stunden. Diese Fragen erfordern Tiefe und die Bereitschaft, dort zu graben, wo du vielleicht noch nie gegraben hast. Und wenn du glaubst, dass du die Antworten hast, dann bohre noch ein Stück tiefer, denn da liegt nicht jene oberflächliche, automatische Antwort, die du dir vielleicht gerne gibst, sondern die Wahrheit – du erkennst sie daran, dass sie anders ist als deine üblichen Antworten.

Aber diese A-bis-Z-Checkliste kann noch mehr: Denn für manch einen – vielleicht auch für dich – zeigt diese Liste insgeheime Sehnsüchte oder Qualitätspunkte auf, an die du noch nie gedacht hast, die du zukünftig aber erfüllt sehen willst.

Partner-Checkliste 3
Special Partner-Check

Da deine Partnerin / dein Partner einen ganz besonderen Platz einnimmt, bekommt sie / er auch noch ein paar besondere Fragen mit dieser Checkliste:

- Entwickelst du dich durch deine Partnerin / deinen Partner weiter? Zähle Beispiele auf.
- Bist du mit deiner Partnerin / deinem Partner auf Augenhöhe? Worin zeigt sich das?
- Werden deine und ihre / seine Bedürfnisse gleichrangig behandelt? Zähle Beispiele und Situationen auf.
- Gibt sie / er dir genügend Raum für persönliche Entfaltung? Wie zeigt sich das?
- Lässt sie / er dir die Möglichkeit völlig freier Entscheidung? Nenne Beispiele.
- Kennt deine Partnerin / dein Partner deine Stärken? Und erkennt sie/er diese an? Wie äußert sich das?
- Ergänzt ihr euch wie ein ideales Duo? Woran machst du das fest?
- Lebt ihr ein Wir-Gefühl? Wie zeigt sich das?
- Steht ihr wirklich bedingungslos zueinander? Nenne Beispiele.
- Wertschätzt dich deine Partnerin / dein Partner? Wie und worin zeigt sich das?
- Spricht deine Partnerin / dein Partner bei anderen positiv und wertschätzend über dich? Führe Beispiele an.
- Kannst du dir in deiner Partnerschaft, wann immer du willst, Zeit für dich allein nehmen? Wie oft und wie sieht das aus?
- Liebst du deine Partnerin / deinen Partner aus ganzem Herzen?
- Liebt sie / er dich aus ganzem Herzen? Wie äußert sich das?
- Bietet sie / er dir Entlastung in schwierigen und herausfordernden Situationen? Woran machst du das fest?
- Was kannst du von ihr / ihm lernen? Was hast du schon gelernt?
- Was kann sie / er von dir lernen? Was hat sie / er schon von dir gelernt?

#ViolasQuicktipp: Ich kenne deine Antworten nicht, aber vielleicht möchtest du jetzt sagen, falls deine Partnerin oder dein Partner nicht so gut abgeschnitten hat: »Ja, was kann ich denn dafür, wie mein Partner ist oder wie er sich entwickelt hat?« Meine Antwort lautet: viel. Du bist ab einem bestimmten Punkt des Erduldens, des Geschehenlassens, des Ignorierens kein »Opfer« mehr, sondern Mittäter. Du bist ein Teil der Partnerschaft; egal, was du oder deine Partnerin oder dein Partner getan oder nicht getan hat, war ein Baustein zu seiner und deiner Persönlichkeit. Und zu eurer Beziehung. Und zu der Qualität deines eigenen und eures gemeinsamen Lebens.

Du bist dran

Vergiss nicht, dass auch du Partnerin oder Partner eines anderen bist. Somit geht es auch darum, ob du Feind oder Freund im Leben des anderen bist und welche Auswirkungen du auf dessen Leben hast. Also nimm die drei Qualitäts-Checklisten zur Hand und beantworte sie auch für dich. Denn es ist falsch anzunehmen, dass nur einer allein sich zum Negativen verändert hat, dass nur einer alles falsch macht, dass nur einer sich ändern sollte oder es nur auf einen ankommt. Auch du solltest die essenziellen Kriterien erfüllen, wenn du sie bei einem anderen erfüllt sehen willst. Und wenn du das noch nicht tust, ist es deine To-do-Liste, wie du ein idealer Partner wirst, der Gleichwertiges anziehen wird.

Die schrecklich nette Familie

Ob deine Eltern ein gutes Werk getan haben oder es hätten besser machen sollen, das weiß ich nicht. Ich weiß nur, dass du dein Leben immer noch ihnen zu verdanken hast. Und im Laufe der Zeit haben beide Seiten sicher einige Dinge falsch und andere richtig gemacht und sich einander kleine oder große Wunden zugefügt. Deine Eltern wirst du nicht mehr ändern, das Recht hast du nicht und das können sie zudem nur selbst. Und genau wie in dem Fall, in dem du etwas verändern willst oder solltest, muss es für sie erst mal ein Warum dafür geben. Wenn deine Eltern oder auch Tanten, Onkel, Omas, Opas und Geschwister sich nicht verändern wollen, sich okay finden, wie sie sind, noch nie darüber nachgedacht haben oder es eben nicht besser wissen, dann sind das Tatsachen. Unumstößlich. »Kannst du eine Sache nicht ändern, ändere dich«, wusste bereits Buddha und zeigt dir damit klar, dass du nun keinesfalls machtlos bist oder »kampflos« aufgeben sollst, sondern schlichtweg, dass die Aktivitäten auf deiner Seite liegen. Und das Gute ist: Es gibt immer mehrere Handlungsoptionen.

Komplett sinnlos

Was komplett sinnlos ist, was ich aber trotzdem immer wieder beobachte, ist, mit Mitgliedern der Familie Reizthemen anzuschneiden. Das haben die meisten sicher bereits zigmal gemacht. Für die Reibereien, die unweigerlich daraus folgen, gibt es eine einfache Lösung: Unterlasse einfach Themen, die dich oder jemanden aus der Familie triggern! Sobald irgendjemand von ihnen irgendein Reizthema anschneidet, liegt es doch an dir, ob du darauf eingehst. Du kannst dich wieder rechtfertigen, dich wieder erklären, laut oder zornig werden – du wirst kein besseres Ergebnis erzielen! »Der Klügere gibt nach« hat nichts mit aufgeben zu tun, sondern damit, eine Sache clever zu umgehen. Sprich einfach keines dieser Themen an. Wenn ein anderes Familienmitglied dies tut, kannst du beispielsweise direkt sagen: »Dieses Thema führt zu nichts. Du hast deine Meinung und ich habe meine. Und das ist auch richtig so. Ich möchte keinen Streit. Ich bin hier, weil ich dich (euch) sehen und eine gute Zeit mit dir (euch) verbringen will.« Das nimmt in der Regel den Wind aus den Segeln. Bleibe dann auch dabei und schneide einfach ein anderes Thema an.

Oder du stellst Fragen – für mich das wichtigste Tool im Miteinander und im Leben. Du kannst beispielsweise fragen: »Was bringt uns das ewige Gestreite und Diskutieren über das Thema? Hat irgendjemand einen Vorteil davon? Lasst uns über etwas reden, was uns Freude bringt und worin wir uns bestärken.« Drei einfache Sätze und trotzdem kriegen die Menschen sie nicht über ihre Lippen oder kommen nicht einmal auf so eine Idee.

Nix wie weg

Es gibt aber auch einfach Menschen, die sind negativ, die mögen andere Menschen nicht, weil sie nicht einmal sich selbst mögen, oder sie haben auch bei Sonnenschein immer etwas zu nörgeln – das macht auch vor der Familienhaustür keinen Halt. Und irgendwann ist der »Bock aber auch mal fett«, wie es drastisch ausgedrückt heißt. Richtig! Irgendwann ist jedes Maß einmal voll. Auch von deiner Familie musst du dir nicht alles gefallen lassen, es gibt ethische und moralische Grenzen; auch Respekt darf nicht verloren gehen und Schläge unter die Gürtellinie führen nicht nur beim Boxen ins Aus!

Wenn all das nichts bringt, Streitereien oder negative Einflüsse nicht aufhören, dann entziehe dich der Situation oder dieser Beziehung. Heißt: Entscheide dich dafür, etwas weniger Zeit mit dieser Gruppe oder dem Familienmitglied zu verbringen. Radikale Entscheidungen wie »Das breche ich komplett ab!« oder »Die oder der sieht mich nie wieder!« sollten mit Bedacht getroffen und erst recht nicht mit Wut ausgesprochen werden – die verhindert nämlich das Denken. Distanz bringt oft schon recht viel. Sollten größere Familienfeiern oder familiäre Zusammenkünfte an jedem Wochenende anstehen, hast du auch wieder zwei Möglichkeiten. Erstens: Du unterhältst dich nur mit denjenigen, mit denen es keine Reizthemen gibt. Oder zweitens: Du gehst nicht hin. Es gibt keine Verpflichtungen wie »Da muss ich aber hin« – die gibt es nur in deinem Kopf.

#ViolasQuicktipp: Wenn es eine Verpflichtung gäbe, dann wäre es wohl diese: Mach dir ein schönes Leben, sorge für gute Momente und gute Menschen darin, meide strikt Negatives, nimm so viele Chancen wahr, wie es geht, und gib stets dein Bestmögliches. Gib dich nie mit weniger zufrieden!

Ändere dich

Die Menschen sind, wie sie sind. Die wirst du einfach nicht ändern. Das können sie nur selbst, sehen aber selten einen Sinn darin. Deshalb bleibe ich dabei: Ändere du dich! Denn sobald du – wie du in Kapitel 3 erfahren und lernen wirst – Gedanken, Mindset, Denk- und Herangehensweisen und bestimmte Strategien änderst, werden viele Reizthemen eh wegfallen. Du bietest einfach keine Angriffsfläche mehr und weißt zudem besser mit solchen Situationen und Menschen umzugehen, sie anders einzuschätzen und dich als aktiven Faktor zu sehen, der die Richtung mitbestimmt.

#ViolasQuicktipp: Du findest in diesem Kapitel genug Checklisten und Eckpunkte, die dir bei der Entscheidung helfen können, ob du noch mit dem betreffenden Menschen eine Beziehung, Freundschaft oder auch familiäre Bande pflegen möchtest. Zusätzlich findest du am Ende dieses Kapitels auch eine »No-go-Liste«.

Die lieben Nachbarn, Kollegen & Arbeitgeber

... heißen nicht beste Freunde oder Partner und haben deshalb hier, wo es um den Einfluss deines direkten Umfeldes und die Auswirkungen auf dein Leben geht, nichts zu suchen. Solltest du – aus welchen Gründen auch immer – jemanden davon zu deinem Freundeskreis zählen oder als Partner bezeichnen, hast du die Freundes- oder Partnerchecklisten. Haben sie nur den Status eines Nachbarn, Kollegen, Arbeitgebers oder Vermieters, sind sie – wenn du sie nicht magst und sie dich nicht mögen – doch nur ein zu vernachlässigendes Übel, weil sie im Grunde keine Rolle in deinem Leben spielen und dich nicht nachhaltig prägen, auch wenn sie dich hin und wieder nerven. Denke an den fatalistischen Satz: »Something or someone always disturbs« – irgendetwas oder irgendjemand nervt immer. Dennoch möchte ich dir drei Möglichkeiten aufzeigen, wie du ihnen begegnen kannst, wenn es nicht gut läuft:

1. **Der Neuanfang**
   Ja, gehe direkt auf denjenigen zu, sage, dass ihr wohl einen schlechten Start hattet und es keinem hilft, wenn schlechte Stimmung ist. Stelle dich noch mal vor, reiche die Hand, vergiss die Körpersprache nicht: Lächeln! – und dann wirst du sehen, was passiert. Meist ist das eine gute Idee.

   #ViolasQuicktipp: Es traut sich kaum jemand, weil offene und direkte Kommunikation für die meisten ein nebulöses Hexenwerk ist, die sie aber auch nie trainieren. Einfach machen.

2. **Der Waffenstillstand**
   Auch hier ist Ehrlichkeit eine gute Idee. Sag einfach direkt heraus, dass offensichtlich weder du dein Gegenüber noch es dich leiden kann oder sympathisch findet. Biete aber einen Waffenstillstand an, denn andauerndes gegenseitiges Generve ist, wenn man sich

nicht leiden kann, der Zeit- und Energieinvestition zu viel. Frage nach Frieden und Waffenstillstand, nach gegenseitigem In-Ruhe-Lassen. Das nimmt oft viel Wind aus den Segeln und zeigt Größe deinerseits.

#ViolasQuicktipp: Warum trauen sich das so wenige Menschen und nehmen leider dafür einen ständigen negativen inneren Dialog in Kauf?! Das ist übrigens auch ein Ergebnis aus dem Zusammensein mit deinem Umfeld.

3. **Einfach ignorieren**
   Ich hatte mal einen echt doofen Vermieter. Obwohl ich freundlich war, mich mit seiner Frau gut verstand und seinen Kindern bei Geburt und Geburtstag etwas geschenkt hatte, hatte er immer wieder etwas zu nörgeln oder fand etwas, um mich zu ärgern. Irgendwann habe ich es aufgegeben und beschlossen, ihn einfach zu ignorieren – wie einen unartigen kleinen Hund, der laufend in die Wohnung macht. Es war auch eine Frage des Selbstwerts: Er hatte meinen Gruß einfach nicht verdient! Und was soll ich sagen? Das war die beste Idee! Wenn ich ihm begegnete (er wohnte im gleichen Haus), habe ich ihn einfach übersehen. Ich war dann weder böse noch genervt, er war einfach Luft. Und seitdem war Ruhe. Ich merkte, wie er mir aus dem Weg ging.

#ViolasQuicktipp: Richtig so: Bist du nicht mein Freund, willst du mir nichts Gutes – dann geh mir aus dem Weg!

Und die lieben Kollegen? Natürlich sind in deinem Job der Lohn für deine Arbeit, Lob und Anerkennung wichtig und dass du einigermaßen mit dem Chef klarkommst. Und für die gute Stimmung reicht es doch, wenn du eine Freundin oder einen Freund auf der Arbeit hast – einen

Menschen, mit dem du dich gut verstehst und austauschen kannst. Du bist schließlich nicht auf einem Beliebtheitswettbewerb oder auf einer Everybody's-Darling-Challenge. Der unsinnige Versuch, mit jedem gut klarkommen zu wollen, ist von vornherein zum Scheitern verurteilt und macht dich klein und unecht.

#ViolasQuicktipp: Du kannst alles immer ändern, jederzeit. Aushalten, Erdulden und Hinnehmen einer unglücklichen Situation ist Opferhaltung und hat noch nie von alleine eine Besserung gebracht. Der Schlüssel zu Verbesserung und Lösung liegt in der Aktivität. Ich bin sicher, dass du in Kapitel 3 nicht nur mit meinem »Kranich-Code«, sondern generell Rat und Inspiration für einen generell besseren und leichteren Umgang mit Menschen findest – und Kollegen sind auch nur Menschen.

Warum das Negative gewinnt

Der Platz auf dem Tisch

Stell dir folgendes Bild vor: Du bist in einem Raum mit Menschen und in diesem Raum steht ein Tisch. Du bist der Positive und stehst oben auf dem Tisch. Die anderen stehen unten auf dem Fußboden, das sind die Negativen. Jetzt versuchst du als Positiver die negativen Menschen, die unten auf ihrem destruktiven Platz stehen, von unten nach oben, also zu dir heraufzuziehen, hinauf auf dein positives Level. Das Fatale ist, dass, unabhängig davon, wie sehr du dich bemühst oder welche Anstrengungen du unternimmst, die Negativen nicht einmal etwas unternehmen müssen. Nein, sie müssen sich einfach nur hängen lassen. Und früher oder später werden deine Kräfte einfach nachlassen. Unweigerlich wirst du hinuntergezogen, hinab ins Negative. Und niemand aus der Gruppe wird dir je wieder auf den Tisch hinaufhelfen.

Solltest du es selbst versuchen, wirst du befeuert mit Sätzen wie: »Bist wohl jetzt was Besseres als wir?« Ja, dein Umfeld sagt dir, ob und wie weit du das Niveau verlassen darfst. Das Schlimme ist: Wenn du das Niveau sinken lässt, wird man dir das nicht vorwerfen oder madig machen, das tun sie nur, wenn du dein Niveau, dein Level erhöhen willst!

#ViolasQuicktipp: Es ist vollkommen egal, ob du einen oder zehn negative Menschen nach oben ziehen willst. Selbst bei einem wirst du es nicht schaffen, denn auch er muss sich nur hängen lassen, dir werden auch da recht schnell die Arme lang und du wirst müde werden. Meide auf jeden Fall negative Menschen, denn die »vergiften« dich früher oder später! Sei in dieser Beziehung absolut konsequent, selbst wenn nur ein Einziger aus deinem Umfeld negativ ist, denn selbst eine einzelne negative Person kann fatale Folgen haben! Nimm dir den folgenden Spruch zu Herzen: *Ein* fauler Apfel steckt *hundert* gesunde an!

Ja, mich erinnern die negativen Menschen immer an Krabben, die in einem Eimer sind. Kennst du die entsprechende Geschichte?

Ein Eimer voller Krabben

Eines sonnigen Tages lief eine Frau einen Bootssteg hinunter, an dessen Ende ein Mann auf einem Klappstuhl saß und aufs Meer hinaussah. Neben ihm standen drei offene Eimer voller Krabben. Als die Frau näher kam und sich die Eimer ansah, sagte sie: »Sie müssen die Eimer abdecken, sonst hauen die Krabben wieder ab.« Der Mann zog entspannt an seiner Pfeife, drehte sich zu ihr und sagte lächelnd: »Ach, das ist nicht notwendig. Sollte eine Krabbe versuchen, herauszuklettern, ziehen die anderen sie wieder hinunter.«

Es gibt viele Menschen, die sich wie Krabben im Eimer verhalten. Sie sehen, wie du dich bemühst, dir das Leben zu ermöglichen, das du dir schon immer gewünscht hast. Aber sie werden dich nicht ermutigen, deine Träume zu verfolgen. Sie werden dir auch nicht helfen, ja, sie wollen dich nicht einmal gewinnen sehen. Sie sehen, wie du dich bemühst, den Eimer zu verlassen, und sie werden dich auf verschiedenen Wegen hinunterziehen.

Die Amerikaner nennen das »misery loves company«. Wörtlich übersetzt: Elend liebt Gesellschaft. Frei übersetzt: Menschen, die unzufrieden, faul, destruktiv und träge sind, wollen, dass es anderen auch nicht gut geht. Sie suchen Gleichgesinnte in ihrem Elend.

Sei konsequent!

Negative Menschen gibt es überall, aber dein zukünftiger Weg führt nicht zu ihnen, sondern an ihnen vorbei oder von ihnen weg. Negative Menschen, ihre destruktiven Gedanken, ihre negativen Gefühle und Glaubenssätze, die sie verbreiten, sind dein absoluter Saboteur von elementaren Dingen, wie zum Beispiel Glück und Erfolg.

#ViolasQuicktipp: Noch mal mein dringender Appell: Meide auf jeden Fall solche Menschen! Es ist vergebliche Liebesmüh – oder besser gesagt: Quälerei –, negative Menschen umstimmen zu wollen. Deshalb verabschiede dich von dem Samariter-Gedanken, dass du ihnen helfen kannst, oder auch von dem irrtümlichen Glauben, dass negative Menschen quasi über Nacht doch noch zu positiven werden. Das Einzige, was passiert: Du wirst durch sie zwar auch nicht über Nacht, aber auf lange Sicht negativ. Und wenn du dann genauso wie sie jammerst, wirst auch du zu einem Magneten, der Negatives anzieht.

Jetzt kommst du vielleicht mit deinem Aber: »Aber wenn wir uns alle treffen, dann ist die/der Negative doch dabei, da kann ich ja dann auch nichts machen.« Stimmt, solange du die Wünsche der anderen über deine stellst, kannst du nichts machen! Aber du hast dieses Buch gekauft, damit sich das ändert und du in solchen Momenten zu Hause bleibst oder etwas anderes mit anderen (Positiven) unternimmst.

Du wirst in Kapitel 3 noch mehr Erkenntnisse darüber gewinnen, dass du mehr verdient hast als ständiges Genörgel, Gemecker und Negatives.

Der Hang zum Destruktiven

Menschen haben von Natur aus einen Hang zum Destruktiven. Wenn du also ohnehin schon dazu neigst – entschuldige bitte meine direkten Worte –, dich ungesund zu ernähren oder über die Stränge zu schlagen oder jedes Wochenende zu »saufen« und auf Partys zu gehen oder öfter auf der Couch rumzuhängen oder mehr negative Gedanken zu haben, als dir lieb und recht ist, dann solltest du Menschen dringend meiden, die das noch fördern oder ähnlich leben. Menschen, die dieses Verhalten noch fördern oder aktiv unterstützen, haben keinesfalls dein Bestes im Sinn. Nein, sie schauen gerne zu, wie andere in den Abgrund stürzen und sie Gesellschaft bekommen – eben: Misery loves company!

Eine Chance und viele Fragen

Viele Menschen haben wenig bis keine Eigenwahrnehmung und wissen oft gar nicht, ja bemerken nicht einmal, wie sie sind und wie sie sich verhalten. Es passiert also nicht immer mit (böser) Absicht, was sie tun und was sie nicht tun, aber das bedeutet nicht, dass sie nicht verantwortlich dafür sind. Sie plätschern so dahin, nehmen vieles als gegeben hin, reflektieren nicht und geben sich oft nicht wirklich Mühe, erst recht nicht ihr Bestes.

So geht das auch den Menschen in deinem Umfeld. Das bedeutet aber nicht, dass nicht auch in ihnen der Wunsch nach einem Aufgerütteltwerden, nach Verbesserung schlummert, danach, dass es irgendwie anders und besser laufen könnte und sollte. Und da liegt die Chance!

So funktioniert es

Wenn Menschen sich mit etwas schwertun, dann damit, unumwunden auszusprechen, was sie wirklich wollen und was sie wirklich nicht (mehr) wollen. Vielleicht geht es dir auch so. Doch genau das solltest du tun, wenn du jemandem noch eine Chance geben möchtest, weil du glaubst, dass noch mehr in diesem Menschen steckt, dass dieser Mensch auch bereit ist, etwas zu verändern, dass auch dieser Mensch mehr will und nicht wirklich glücklich mit der derzeitigen Situation ist. Du solltest dir aber klarmachen, in welchem Zusammenhang du jemandem noch eine Chance geben willst. Du solltest auch nicht vergessen, dich zu fragen, *warum* du das tust – denn wenn nur Verlustängste dahinterstecken oder Egosachen wie »Ich gebe das nicht auf!« oder gar Mitleid wie »Ey, das kann ich doch nicht machen, das hat die / der nicht verdient …«, dann kann der andere diese Chance nicht wahrnehmen, weil diese Gründe mit dir und nicht mit ihm zu tun haben.

Einem Einzelnen, einer Freundschaft oder einer Partnerschaft noch eine Chance zu geben, bedeutet nicht nur, die Dinge konkret anzusprechen, die einem nicht gefallen, sondern auch anzusprechen, wie du dir den Weg mit demjenigen zukünftig vorstellst. Und dann sollte genau geklärt werden, ob dies auch mit den Interessen und dem Weg des anderen harmoniert. Wenn ja, bedeutet das, dass sich einiges an den Denk- und Verhaltensweisen ändern muss, denn wenn das »System« so weiterläuft, ist eine neue Chance keine Chance, sondern nur ein Hinauszögern und Verlängern dessen, wie es ja nicht mehr laufen soll. Denn jemandem / dir / euch eine Chance zu geben, bedeutet, Handlungsmöglichkeiten einzuräumen, die die Situation verbessern. Lediglich ein kurzes »Auskotzen« von beiden Seiten und wohlwollende Parolen wie »Ja, lass es uns noch mal versuchen« oder »Komm, wir machen das ab jetzt wieder anders« sind keine echten Chancen, sondern dünne Makulatur der Komfortzone, die nur allzu schnell wieder an denselben Stellen bröckelt. Deshalb solltest du oder solltet ihr euch darüber klar sein, wie genau diese Chance aussehen soll und in den realen Alltag gebracht werden kann.

#ViolasQuicktipp: Vergiss nicht, dich selbst ehrlich zu fragen, ob du wirklich etwas ändern willst. Denn obwohl viele Menschen faule Kompromisse und Abhängigkeiten geschaffen haben sowie in Gefängnissen leben, die sie sich selbst gebaut haben, zahlen sie oft lieber den hohen Preis des Verharrens im Unglücklich- und Unzufriedensein, statt an sich zu arbeiten, andere Strategien zu versuchen oder gar auch ein Ende mit Schrecken dem Schrecken ohne Ende vorzuziehen.

Die Chancen-Checkliste

Ein hilfreiches Tool bei dem Vorhaben, jemandem oder einer Freundschaft oder einer Partnerschaft noch eine Chance zu geben, sind Fragen. Und zwar für beide: für dich und den anderen. Deshalb habe ich für dich die Chancen-Checkliste zusammengestellt:

- Was willst du?
- Was stellst du dir vor?
- Was stellt der andere sich vor?
- Was wollt ihr ändern?
- Zu wann?
- Wie sehen diese Änderungen aus?
- Was sollte jeder konkret tun?
- Was erwartest du davon?
- Was erwartet der andere davon?

- Welche Auswirkungen oder welche Ergebnisse sollen die Änderungen hervorbringen? Welches Ziel würdet ihr damit verfolgen?
- Woran wollt ihr das festmachen?
- Habt ihr überhaupt beide Interesse daran?

Im Gegensatz zu Kindern, die permanent fragen: wieso, weshalb, warum, haben leider die meisten Erwachsenen verlernt und auch ein Stück verdrängt, sich selbst und anderen Fragen zu stellen. Fragen machen etwas mit uns und unserem Gehirn. Das nutzen auch Ermittler bei Befragungen, denn nur allzu oft bringen die richtigen und wiederholt gestellten Fragen Menschen dazu, Klarheit über ihre Situation zu bekommen und die Wahrheit herauszulassen.

#ViolasQuicktipp: Fakt ist: Sei ehrlich und offen, sprich die Dinge aus, wie, wo, was und warum. Versuch es einfach und schau, wie der andere reagiert – das ist *deine* Chance. Vergiss aber nicht: Zumindest *eine* Chance hat fast jeder verdient. Ich glaube, du weißt selbst nur zu gut, bei welchem Menschen in deinem Umfeld eine Chance gar nichts bringen würde. Oder du hast ihm schon zu viele eingeräumt und sie wurden nicht von ihm genutzt. Statt einem Menschen fünf Chancen zu geben, solltest du fünf anderen eine Chance geben.

Warum du dich nicht von Menschen lossagen willst

Im Grunde sind deine Handlungsmotive, warum du dich von Partnerin, Partner, Freunden oder gar Familienmitgliedern nicht lossagen willst, nicht anders als die Gründe, die du bereits in Kapitel 1 erfahren konntest. Denn auch hier sind verschiedene Ängste – wie vor Zurückweisung, Ausgeschlossensein, Kritik, Rechtfertigung –, aber auch Schmerz, Gewohnheit, Mangel, unbewusstes Handeln, fehlende Stoppschilder, antrainierte Hilflosigkeit, mangelndes Selbstbewusstsein und fehlende Selbstkenntnis handlungsbestimmend. Es ist mehr als ratsam, dich intensiv mit deinen Motiven zu beschäftigen, denn je besser du deine Handlungsgründe kennst, umso besser kannst du verstehen und desto eher wird dir in bestimmten Situationen bewusst, warum du dich wie verhältst.

Hinzu kommt die Angst vor der fehlenden Konsequenz – nicht weil du die Notwendigkeit nicht erkannt hast, jemanden zu verabschieden, sondern weil du die Begleiterscheinungen fürchtest:

- die Rechtfertigung vor den anderen,
- die Möglichkeit, mit deiner Meinung über den verabschiedeten Menschen allein dazustehen,
- dass du die Erwartungen der anderen nicht erfüllst,
- dass sie deshalb von dir enttäuscht sind,
- die Möglichkeit, dass dir die Arschkarte zugeschoben wird,
- die Angst, dass die anderen sich weiterhin mit derjenigen / demjenigen treffen,
- die Möglichkeit, dass du aufgrund deiner Entscheidung gemobbt, gemieden oder gar ausgeschlossen wirst.

Der Grund für so ein Verhalten liegt in einem geradezu zwanghaften Denkmuster, das von Angst vor Kritik und Zurückweisung geprägt ist. Und diese Gedanken bekommen oft noch destruktive Gesellen, die vom Ego gefüttert werden, wie: »Was ist, wenn der andere dann böse auf mich ist?«, oder vom schlechten Gewissen: »Das kann ich doch nicht machen!«

Also lassen es die meisten Menschen lieber bleiben und kapitulieren. Nein, dich darf das nicht aufhalten, dich von Menschen zu befreien, die dir nicht guttun! Jetzt wirst du vielleicht sagen: »Du hast gut reden, Viola, das ist leichter gesagt als getan!« Wirklich? Nur dann, wenn du die Interessen und Meinungen der anderen wieder über deine eigenen stellst.

#ViolasQuicktipp: Schlechtes Gewissen sorgt für Unglück und nicht für Freude. Bei schlechtem Gewissen geht es meist nur darum, wie du vor anderen dastehst – in Bezug auf mein Seelenleben und Lebensglück wäre mir das schnurz.

Natürlich kannst du schon vorher grübeln, was wohl sein wird – das tun Pessimisten ganz gern, es entspringt dem Mangel- und Verlustdenken. Bedenke, dass hinter den meisten deiner Probleme und Frustrationen deine Glaubenssätze stecken. Du kannst aber auch wie ein Optimist denken, vom Besten ausgehen und davon, dass sich alles zum Guten wenden wird. Also statt »Was ist, wenn ich falle?« lieber »Was ist, wenn ich (endlich) fliege?«.

#ViolasQuicktipp: Ja, vielleicht hast du ein bisschen Bammel davor – aber glaube mir bitte: Jede Angst geht irgendwann vorüber, aber das Bedauern, sich nicht überwunden zu haben, bleibt! Also: Los!

Kein lohnenswerter Deal

Erbärmlich wird es, wenn sich manche Paare wegen Steuern, Geld und Kosten nicht trennen, obwohl der gegenseitige Hass ihnen anzusehen und anzuhören ist – in dem Fall macht Geld dann wohl doch nicht glücklich. Geld ist leider nicht nur ein allzu häufiger Grund, warum Paare (widerwillig) zusammenbleiben, sondern oft auch dafür, dass sie überhaupt zusammenkommen. Diese faulen Kompromisse und Arrangements mögen vermeintlich Vorteile mit sich bringen, letzten Endes zahlt man aber einen hohen Preis dafür! Lebensfreude und persönliches Wohlergehen sowie Lebenszeit sind wohl kaum mit Geld aufzuwiegen. Diese Menschen müssen wie bei Monopoly noch mal zurück auf »Los« und mental und wertemäßig ganz neu starten.

#ViolasQuicktipp: Ich kann es nur noch einmal sagen: Gefängnisse baut der Mensch sich in der Regel selbst. Es gibt genügend Beratungs- und Anwaltsstellen, die kompetent Hilfe und Auskunft geben. Und nicht zu vergessen: Oft werden nach einer Trennung auch Zeit-, Energie- und Aktivitätspotenziale sowie Raum für Entfaltung freigesetzt – da ist es nicht selten der Fall, dass sich manche Lebenssituation sogar nach einer gewissen Zeit verbessert. Denn nicht selten wurden wegen der Partnerin oder des Partners auf Chancen, Möglichkeiten und Karriereschritte verzichtet.

Wann du einen Menschen verabschieden solltest

Menschen machen Fehler und handeln oft unüberlegt. Das zu vergessen und zu verzeihen sind schöne menschliche Tugenden, jedoch nur bis zu einem gewissen Punkt, denn beides sollte keine dauerhafte Basis für Beziehungen darstellen.

Lege die Regeln fest

Ändern können wir andere Menschen nicht, aber uns selbst können wir ändern. Und wir können und sollten Prinzipien und Regeln aufstellen und verinnerlichen, die für unser Leben und die Menschen darin gelten – Regeln, die idealerweise ein hohes Maß an ethischen und moralischen Werten und damit verbunden (Achtung: ganz wichtig!) auch selbstschützende Komponenten aufweisen. Diese Prinzipien und Regeln sind der Maßstab für unser Miteinander. Und wenn jemand – ob Freunde, Partner, Familie oder Nachbarn – immer wieder dieses Maß unterschreitet und dir auf verschiedenste Weise nicht guttut oder gar schadet, dann ist es Zeit, denjenigen definitiv zu verabschieden. Die gleiche Dringlichkeit dafür liegt vor, wenn du spürst, dass dieser Mensch dich in deiner Entwicklung behindert, dich blockiert und zurückstutzt, denn auch das hat massive Auswirkungen auf dein Leben!

Zieh die Reißleine

Wenn du an dem Punkt angekommen bist, dass du das erste Mal ernsthaft über eine Trennung nachdenkst, sind in der Regel bereits zahlreiche Stoppschilder überfahren worden, und Unwohlsein, Kränkungen, Enttäuschungen oder andere hässliche Dinge liegen oft auf dem Weg dahin. Aber es braucht nicht mal derlei Drastisches, es reicht, wenn du dich mit deinen Freunden oder deinem Partner nicht wohlfühlst, wenn jemand dich immer wieder runterzieht oder du schlichtweg mit der- oder demjenigen nicht regelmäßig aus vollem Halse lachen kannst – schon dann sind doch selbst die kleinen, aber so wichtigen Bedingungen an eine Beziehung nicht mehr erfüllt. Das ist gerade in Partnerschaften wichtig, aber oft leider nicht gegeben: ein glücklicher, wertschätzender, respektvoller Umgang miteinander.

Und was am häufigsten negativ auffällt: ein wirklich liebloser Umgang miteinander. Es ist erschreckend, in welch genervter Art wirklich viele Paare oft miteinander reden – so würden sie wohl nicht einmal mit Fremden sprechen. Nicht selten klingt es sogar so, als ob sie den anderen nicht leiden können und zudem unterschwellig wütend und enttäuscht sind. Spätestens wenn der Alltag von Vorwürfen, Streit und Konflikten geprägt ist, alles zum Problem wird und wenn man bei Problemen auch nicht mehr auf einen Nenner kommt, sollte schnellstens die Reißleine gezogen werden! Erst recht wenn Liebe, Wohlgefühl und Harmonie abhandengekommen sind, ist es definitiv an der Zeit, die Beziehung zu beenden. Am Ende geht es auch um deine Selbstachtung und deinen Selbstwert.

Oft lassen sentimentale Erinnerungen an bessere Zeiten oder die Hoffnung auf bessere Zeiten viele glauben, dass sich alles irgendwie wieder einrenken oder dass sich etwas von allein verändern würde, was sich leider fast immer als Irrtum entpuppt. In dieser Warteposition verharren sie dann. Es gibt nicht den allein richtigen Weg, aber Nichtstun und ewiges Warten ist absolut der falsche. Auch wenn es nicht immer leichtfällt, ist es doch richtig: Werde aktiv und verabschiede diese Menschen. Dein inneres Gefühl, dein Herz und dein Bauch sind der beste Indikator dafür, wann es Zeit dafür ist, nicht der Verstand.

Nicht einfach ausklingen lassen

Sei dir absolut im Klaren darüber, dass du die Freundschaft oder die Beziehung nicht mehr willst. Und dann lass weder die Beziehung zu deinem Partner oder deiner Partnerin noch zu einem Freund nicht irgendwie ausschleichen oder noch lange dahinsiechen oder von selbst erlöschen – das tun nur Menschen, die weder Selbstbewusstsein noch Rückgrat haben. Das ist nicht nur feige und respektlos, sondern es tut auch einem selbst nicht gut; und ja, auch dem anderen nicht. Wenn du dich nicht nur von Menschen befreien willst, die dir nicht guttun, sondern auch ein ideales Umfeld erschaffen möchtest, brauchst du innere Haltung und solltest deutlich zum Ausdruck bringen, was du willst und was du nicht willst. Und ziehe klar einen Schlussstrich. Das solltest du in einem persönlichen Gespräch tun – via Telefon oder WhatsApp ist einfach komplett respektlos.

Es ist absolut empfehlenswert, dass du dir vorher überlegst, was du sagen möchtest. Das ist vor allem für dich selbst hilfreich und gestaltet dieses in der Regel nicht angenehme Gespräch einfacher. Was die meisten Menschen in solchen Momenten nämlich oft falsch machen, ist, mit Wut oder gar Hass oder aus den Enttäuschungen heraus Vorwürfe zu machen und (massive) Kritik zu üben. Aber wem bringt das etwas? Auch die Aussage, dass der andere vielleicht stehen geblieben ist, sich zum Negativen verändert hat oder gar doof ist, ist doch nicht hilfreich.

Sprich am besten einfach über dich, und zwar nur über dich: über deine Bedürfnisse und Wünsche ans Leben und an Beziehungen und was du für dich in der Beziehung nicht mehr findest. Punkt.

Ein Beispiel, wie das klingen könnte, wenn du eine Freundschaft beenden willst: »Ich habe seit einiger Zeit bemerkt, dass ich mich mit unserer Freundschaft nicht mehr wohlfühle und mir unsere Treffen nicht mehr geben, was ich mir vorstelle. Ich habe meine Vorstellungen und du hast deine. Wenn du mich wirklich magst, respektierst du meine Entscheidung. Und ich möchte mich auch von Herzen bei dir bedanken für die Zeit, die wir hatten.« Fertig. Kurz und schmerzlos. Bei dir bleiben. Nicht zerreden. Keine weiteren Ausführungen, die dann doch in Vorwürfen, Kritik oder Rechtfertigung enden und auf die der andere sicher mit Kritik, Wut oder Unverständnis reagieren wird, da er ja nicht deine Gedanken und Gefühle hat. Es muss nicht immer alles zerredet werden! Hab eine Meinung, fasse einen Entschluss und stehe dazu. Sicher hast du doch vorher bereits zig innere Dialoge darüber geführt und deine Entscheidung ist gereift – das reicht dann an dieser Stelle auch mal.

Aber dennoch: Unabhängig davon, wie klar und sortiert du bist und auch wie gut und respektvoll du deine Gründe formulierst: Verständnis für deine Beweggründe kannst du meist nur schwerlich erwarten. Du solltest eher mit Vorwürfen rechnen und vielleicht auch mit krassen Sätzen wie »Du hast mein Leben zerstört« oder gar Beleidigungen. Rechne damit, wappne dich innerlich dagegen und gehe nicht darauf ein, denn das führt zu rein gar nichts. Bleibe bei den Dingen, die du sagen willst. Wähle auch am besten einen neutralen Ort, den du verlassen kannst, wenn dir danach ist.

Rede Klartext

So viele Menschen halten so offensichtlich schlechte Beziehungen aus, statt sich einfach mal ein Herz zu fassen, das auszusprechen, was ihnen ins Gesicht geschrieben steht und was sich oft schon in den Blicken zeigt, mit denen sie sich ansehen, nämlich: Schluss damit! Aufhören! Ja, sag einfach, dass du mehr vom Leben möchtest. Dass du in der Beziehung oder Ehe keine Erfüllung mehr findest und einfach nicht mehr glücklich bist. Und dass die- oder derjenige, wenn sie oder er dich liebt oder mal geliebt hat, deine Entscheidung bitte respektieren möchte. Du hast deinen Weg und sie / er hat ihren / seinen. Und du bist einfach an der Stelle angekommen, dass du deinen jetzt weitergehen möchtest, in eine andere Richtung. Fertig. Alle anderen Gespräche, Streits, Kritiken und Vorwürfe haben doch sicher auch schon zigmal in unterschiedlichster Intensität stattgefunden, wenn du inzwischen an dem Punkt angekommen bist, an dem du mehr als einmal über eine Trennung nachgedacht hast.

Fasse dich also kurz und sei einfach entschlossen. Das kannst du, wenn du bereits vor dem Gespräch weißt, dass die- oder derjenige einfach nicht mehr als Partnerin oder Partner richtig ist und du dir überlegt hast, welche Punkte du, ohne Vorwürfe, ansprechen möchtest. Auch Notizen sind hilfreich, denn so ein Gespräch führst du nur einmal, deshalb sollte alles bedacht werden. Und klar formulierte Trennungsgründe machen es nicht nur leichter, sondern verhindern auch unnötige Hoffnungen beim anderen, dass er dich umstimmen oder um dich kämpfen und dich zurückgewinnen könnte. Sage klar, dass deine Entscheidung endgültig ist – das mag zwar hart klingen, ist aber für alle Beteiligten oft einfacher, um eine Situation irgendwann zu akzeptieren.

Du solltest nach der Trennung den Kontakt meiden und dich nicht auf Noch-mal-und-noch-mal-Gespräche oder -Telefonate oder endlose WhatsApp-Diskussionen einlassen. Das ist – etwas salopp gesagt – wie früher Zähneziehen: Es dauert lange und tut weh und der Zahn ist nicht mehr zu retten

Verkneife dir auch einfach den Satz: »Wir können ja Freunde bleiben.« Für jemanden, der dich vielleicht noch liebt, ist das schlimm und auch entwürdigend. Zumal sich wahre Freundschaft sicher nicht durch einen lapidaren Satz herstellen lässt und man sie auch nicht erzwingen kann. Wenn überhaupt, dauert es oftmals doch Wochen oder gar Monate, bis man wieder normal miteinander umgehen kann.

#ViolasQuicktipp: Eine Trennung ist kein Grund, sich schlecht zu fühlen oder Schuldgefühle zu haben. Ich bin sicher, dass die meisten Menschen sich nicht leichtfertig trennen, ja, eher im Gegenteil meist sogar schon zu lange gewartet haben.

Lass dein Ego da raus

Was du unbedingt vermeiden solltest, sind unsinnige Gedanken, was dann wohl die anderen von dir denken oder halten – leider ist das zu oft noch einer der Gründe, warum es zu keiner Trennung kommt. Auch irgendwelche Egosachen wie: dass du nicht verlieren oder aufgeben willst, sind vollkommen doof – denn Ego macht unglücklich und Ego verhindert nur allzu oft das Anerkennen und Akzeptieren der Wahrheit. Und Ego verhindert Problemlösung!

Das bedeutet nicht, dass eine Trennung einfach ist, aber das Leben, das so viele Menschen in ihren Freundschaften und vor allem in ihren Beziehungen führen, ist es auch nicht. Die Perspektive sollte auf innerer Befreiung und Weiterkommen liegen und darauf, Platz zu machen für Menschen, die das Leben leicht machen, die dich und deine Ideen unterstützen und eine Bereicherung sind – so wie es ein guter Partner oder Freund tun sollte. Und der eine Mensch, den du dir unter acht Milliarden Menschen aussuchst, sollte dein Leben einfach nur schöner machen. Das klingt vermeintlich schlicht, ist aber die schönste und zugleich keine einfache Aufgabe.

#ViolasQuicktipp: Beim Ego ist es wie mit dem schlechten Gewissen: Es führt zu Unglück und nicht zu Freude. Trennung und Verabschiedung tun manchmal weh. Veränderung tut manchmal weh. Aber nichts tut so weh, wie irgendwo festzustecken.

19 No-Gos des zwischenmenschlichen Miteinanders

In diesem Kapitel hast du bereits viele hilfreiche Checklisten gefunden, die dir die Möglichkeit bieten, dein direktes Umfeld genau anzuschauen und dem kritisch-prüfenden Blick einer »Qualitätskontrolle« zu unterziehen. Doch daneben gibt es absolute Ausschlusskriterien, Punkte, an denen *sofort* Schluss sein sollte:

1. Freunde oder gar der Partner oder die Partnerin bringen dich ständig in Verlegenheit oder gar in Erklärungsnotstand.
2. Menschen lästern über dich. Über jemanden zu reden oder mal eine bestimmte Sache anzusprechen, ist etwas anderes, als über jemanden herzuziehen und dabei kein gutes Haar an ihm zu lassen.
3. Es handelt sich um Neider, Missgünstige und Bremser – das ist leider häufig zu beobachten. Das wird nicht direkt ausgesprochen, aber es ist permanent da – mit Andeutungen, spitzen Bemerkungen, Ablehnungen, Madigmachen. Viele Menschen verzichten daher auf Veränderungen, sie bleiben beim Alten und leiden oft ein Leben lang unter dem Stillstand, denn sie verzichten den Freunden oder dem Partner zuliebe auf Dinge, die sie gern tun würden. Solche »Familienmitglieder«, »Freunde« und »Partner« sind aber Abhalter. Spätestens dann, wenn Sätze zu hören sind wie: »Bist wohl jetzt was Besseres?« oder »Na, *wir* können uns so was nicht leisten«, solltest du sehr hellhörig werden. Neid und Missgunst sind grundsätzlich sehr hässliche Gefühle, aber wenn Menschen aus deinem direkten

Umfeld dieses Verhalten dir gegenüber zeigen, solltest du diese unverzüglich verabschieden.

4. Jemand klammert an dir, nimmt dir die Luft zum Atmen, vereinnahmt oder erpresst dich gar.
5. Lügen sind ein absolutes No-Go! Und der Grund, sofort voll in die Bremsen zu gehen!
6. Wer dir Verbote jeglicher Art auferlegen möchte oder sie gar ausspricht, gehört von deiner Umfeldliste entfernt.
7. Vertrauen ist das A und O. *Ein* Vertrauensmissbrauch ist schon harter Tobak. Beim zweiten steckt ein charakterliches Defizit dahinter, und es ist Zeit, bevor noch Schlimmeres passiert, diesen Menschen von deiner Liste zu streichen.
8. Du bist kein Goldesel! Geld, Freundschaft und Liebe passen nicht zusammen. Es ist kein Problem, mal etwas auszulegen, aber finanziell ausgenutzt zu werden, ist ein absolutes No-Go!
9. Grundsätzlich ist Ausnutzen in jeglicher Form – auch bei Gutmütigkeit und Hilfsbereitschaft – ein Grund fürs Goodbye!
10. Jemand droht dir mit einem körperlichen Schaden in welcher Form auch immer oder fügt ihn dir sogar zu. No way! Hier herrscht dringendster Handlungsbedarf!
11. Jemand fügt dir seelischen Schaden zu. Dazu gehören bereits fortlaufende Lieblosigkeit, Respektlosigkeit, Kränkungen, Vernachlässigung und Drohungen. Entferne diese Menschen!
12. Ein Mensch wirkt toxisch auf dich. Sofort Hände weg! Er vergiftet wortwörtlich dein Leben! Er lügt, manipuliert und kontrolliert. Er ist unsozial. Und greift nicht selten zu drastischen Mitteln, um seine Wünsche und Bedürfnisse durchzusetzen. Hier ist schnelles Handeln geboten!
13. Jemand besitzt düstere Charaktereigenschaften und hat einen schlechten Umgang mit anderen, denn eines Tages wirst auch du das zu spüren bekommen.
14. Trenne dich von Menschen, die in der Opferrolle leben und deren Lebens- und Leidensgeschichten aus dem Jammertal und von der Klagemauer fester Bestandteil eurer Unterhaltungen sind.

15. Energievampire saugen dich gnadenlos aus und geben nichts von dem kostbaren Lebenssaft zurück? Da ist die Tür!
16. Menschen sind nur mit dir zusammen, weil du ihre Bedingungen erfüllst. Trenne dich von ihnen!
17. Trenne dich auch von Menschen und jeglichen Beziehungen, die nicht mehr lebendig sind und dich herunterziehen und weg von dir selbst.
18. Menschen wollen dich zu halsbrecherischen, illegalen oder gefährlichen Unternehmungen anstiften. Hände weg!
19. Jemand macht deine Familie, deinen Partner oder Freunde schlecht oder hat nur Geringschätzung für sie übrig. Trenne dich von ihm! Denn achtet jemand deine Familie, deinen Partner und deine Freunde nicht, achtet er auch dich nicht.

#ViolasQuicktipp: Es gibt für die Punkte in dieser Liste keine Interpretationsmöglichkeiten, kein Er-oder-sie-meint-es-nicht-so und auch keine Besserung, die sich von allein einstellt! Sie beschreiben auch kein Verhalten von Menschen, die dich wirklich lieben, achten und wertschätzen.

Höchste Zeit für ein Detox! Aufwachen, erkennen und verabschieden! Zeige Konsequenz, denn es wird über kurz oder lang dein Schaden sein, diese Menschen länger in deinem Umfeld zu behalten. Nein, du bist nicht verantwortlich dafür, dass Menschen so sind, aber denke daran, dass all diese Menschen, die sich dir gegenüber so verhalten, sich nur die Freiheiten nehmen, die du ihnen gewährst. Gute Beziehungen basieren auf Freiwilligkeit und nicht auf Pflichtgefühl oder schlechtem Gewissen – du schuldest niemandem etwas! Nur dir selbst.

Detox – nur das Beste für dich

Dein wichtigstes Lebensprinzip sollte lauten, dein eigenes Glück sicherzustellen. Denn das wird niemand sonst für dich tun und für niemanden wird das wichtiger sein als für dich selbst. Denn bei allem sozialen Verhalten und bei aller Nächstenliebe – so hat doch schon von Natur aus das eigene Glück immer Vorrang vor dem Glück anderer. Und so solltest du tun, was dich selbst am glücklichsten macht. Nicht nur weil du es deinem Leben schuldest, sondern weil du es einfach verdient hast.

Nach dem Detox geh weiter

Da dieses Glücksgefühl aber zu etwa 85 Prozent von deinem Umfeld abhängt, solltest du dir dein Umfeld noch einmal genau anschauen und wirklich bereit sein, es einem Detox zu unterziehen! Von all jenen, die dich runterziehen, die dir immer einen Knüppel zwischen die Beine bei deinen Ideen und deinem Vorankommen werfen, die dir deine Energie rauben, dich runterziehen, dich blockieren, dich kleinmachen oder kleinhalten, von denen darfst du mit richtig gutem Gewissen dein Leben entgiften. Das schlimmste Gefühl, das Menschen dir geben können, ist: Du bist es nicht wert. Wenn es diese Menschen bei dir in deinem Umfeld nicht gäbe, dann hättest du dieses Buch nicht gekauft.

Und dann? Dann geh weiter! Nimm dich und deine Wünsche, die du für die Menschen in deinem Umfeld und für dein Leben hast, ernster und gehe gewissenhafter als bisher damit um. Denn ich glaube schon, dass es in dir Dinge, Wünsche und Träume gibt, die darauf warten, realisiert zu werden, dass es Größeres gibt als das, was du jetzt lebst. Und dann hast du Platz für neue Menschen, die dich darin unterstützen.

Deshalb suche dir jetzt – ja, jetzt und nicht irgendwann einmal – Menschen, mit denen du gemeinsame Ziele und Interessen hast, Menschen, die dich antreiben, befürworten, unterstützen und weiterbringen, die das Beste aus dir herausholen, mit denen du wachsen kannst und die auch mit dir wachsen!

Bist du bereit?

KAPITEL 3

Schaffe dir ein ideales Umfeld

»Ein edler Mensch zieht edle Menschen an und weiß sie festzuhalten.«

JOHANN WOLFGANG VON GOETHE

Gute Beziehungen zu anderen zu haben, ist eines der essenziellen Ziele, die wir alle gemeinsam haben. Insbesondere in unserem direkten Umfeld, von dem wir stets umgeben sind, sollten wir nur Beziehungen zu Menschen haben, die wir lieben und achten und die im Gegenzug auch uns lieben und achten.

In diesem Kapitel geht es darum, von den wichtigsten Kommunikationsgewohnheiten und Verhaltensweisen zu erfahren und sie zu erlernen, um bestmögliche Beziehungen zu anderen Menschen aufzubauen. Zudem kannst du dir Klarheit verschaffen, wer es wert ist, einen Platz in deinem Leben zu bekommen. Ja, du hast richtig gelesen: wer es *wert* ist, einen Platz an deiner Seite zu haben.

Ob du alles nacheinander machst oder zunächst nur einzelne Tipps davon umsetzt – ich bin überzeugt, dass jeder Punkt hilfreich ist und jeder für sich ein wichtiges Puzzleteil ist, das am Ende das ganze Bild stimmig und komplett macht.

Werde aktiv

Es mag schön klingen, dass man vermeintlich nur das Fenster öffnen und seine Wünsche ans Universum schicken muss und dann alles gut werden wird. Auch wenn ich keine Astrophysikerin bin, so weiß ich dennoch, dass es da oben nicht nur recht einsam, sondern auch bitterkalt ist und dass niemand an der Universumspforte steht und sagt: »Wenn Sie Ihre Wünsche bis 14 Uhr abgeben, kümmern wir uns innerhalb der nächsten zwei Werktage darum.«

Was ich damit sagen will, ist, dass du selbst tätig werden musst, wenn du ein ideales Umfeld erschaffen möchtest! Sicher sind gute Gedanken und Wünsche wichtig, aber sie sollten die direkte Pipeline zu deinen Aktivitäten sein. Freunde dich mit der Tatsache an, ja, akzeptiere sie als unumstößliche Tatsache, dass nur *du* dein ideales Umfeld erschaffen kannst – mit deinen klugen Entscheidungen und durchdachten Handlungen. Du wirst also im Folgenden keine klassischen Tipps oder oberflächlichen Parolen, wie man sie zum Thema Partnerschaft und Freundschaft oft in Zeitschriften lesen kann, vorfinden. Nein, du findest hier eine echte Gebrauchsanweisung, um deine falschen Annahmen, Glaubenssätze und fehlerhaften Vorgänge bei deinen Denk- und Handlungsweisen anders und besser zu strukturieren und somit zu optimieren. Damit du nicht nur ein, zwei nette Gespräche führst oder Hoffnung schöpfst, die dann später an einem »Nicht-wissen-wie« eingeht, sondern damit du mit dieser Anleitung in der Lage bist, aus dir heraus ein ideales Umfeld für dich zu erschaffen.

Die vier Menschentypen

Im Laufe der Jahre konnte ich vier Typen von Menschen ausmachen:

Typ 1: Jepper
Das sind Menschen, die es wagen zu träumen! Und diese Träume und Vorhaben, Visionen und die damit verbundenen Ziele versuchen sie auch kontinuierlich umzusetzen beziehungsweise zu erreichen – auch wenn's mal schwierig wird. Sie sind mutig, ehrgeizig und entschlossen. Sie sind aktiv und kümmern sich darum, Fähigkeiten und Wissen zu erlangen und sich kontinuierlich zu verbessern. Und diese Menschen erreichen auch wirklich viel mehr, als die meisten anderen Menschen je erreichen werden. Sie sagen immer: »Jepp! Warum nicht? Das mache ich, ich versuch's!« Das ist ihre gesamte optimistische und bejahende Lebenseinstellung. Deshalb empfinden sie auch Freude und Leidenschaft, wo andere Stress und Aufwand sehen. Und sie kennen ihr Warum.

Typ 2: Up-and-downer
Warum heißen die so? Das sind die Skeptiker, die Zweifler, die Schwerfälligen, die oft ein *Aber* parat haben. *Aber* irgendwann stehen sie

dann doch auf und gehen eine Sache an. Die machen sie auch gut! *Aber* wenn die dann gelungen ist, reicht das auch erst mal wieder, und sie fallen für lange Zeit in den Dornröschenschlaf zurück. Es ist ein Auf und Ab, *aber* nie wirklich richtig gut.

Typ 3: Don't-knower

Das sind die Menschen, die schlichtweg nicht wissen, wie. Wenn ich beispielsweise auf der Bühne davon spreche, ein wirklich glückliches Leben zu führen oder wirklich zufrieden zu sein, Ausgelassenheit und Lebensfreude zu leben – dann erkenne ich, dass sie einfach keine Vorstellung davon haben, wie das gehen soll. Es ist nicht so, dass sie es nicht wollen, aber sie haben keine Ahnung, wie das im Alltag aussehen kann und was sie dafür tun sollten. Es ist klar zu erkennen, dass sie nur weiterhin darauf warten, statt etwas zu tun, weil sie schon so lange gewartet haben! Ja, diese Menschen sind schon so lange stark gewesen, diese Situation auszuhalten. Aber sie warten auf das Falsche: Denn sie warten darauf, dass jemand kommt und es für sie macht, sie warten immer auf den nächsten Tipp, und sie warten darauf, dass sich irgendwie von allein, ohne ihr Zutun etwas ändert oder verbessert. Aber sich selbst darum kümmern, selbst aktiv werden – das tun sie nicht. Sie stehen nicht auf. Nicht wissen, wie, macht Angst. Und missmutig. Das lässt zweifeln, hadern, abwarten. Und warten. Und warten.

Typ 4: Not-trueer

Dieser Menschentyp macht die größte Gruppe aus. Die Menschen aus dieser Gruppe glauben es einfach nicht. Ich sehe ihre Blicke, ihre Gesichter, ihre Augen von der Bühne aus oder auf den Straßen und im Alltag: Sie glauben nicht, dass man wirklich unbeschwert leben kann. Sie glauben nicht, dass man jeden Tag dankbar und glücklich mit sich und seinem Leben sein kann. Sie glauben nicht, dass sie echte Begeisterung für sich und ihr Leben empfinden können. Sie glauben es dem Leben nicht und sie glauben es mir nicht, niemandem. Auch sich selbst glauben sie es nicht. Und man sieht es ihnen an: Sie sind energielos, ihnen fehlt der Lebenssaft, der Vitalitätsfunke. Sie versuchen es gar nicht erst. Auf ihrer Stirn steht groß *Blockade*. Sie leben in ihrer geistigen

Welt, in der manches einfach nicht möglich zu sein scheint und in der das, was sie kennen, nur das ist, was sich schon als möglich erwiesen hat.

Manche haben noch eine Ausrede für jedes Nichtstun, manche haben aber selbst das nicht mehr. Nicht mal mehr ein Abwinken. Resigniert, blockiert und innerlich aufgegeben, was sie nie begonnen oder womit sie sich nicht einmal beschäftigt haben.

Gesucht: Menschen vom gleichen Typ

Wenn du nun hoffst oder glaubst, dass viele Menschen den Menschentyp 1 ausmachen – da muss ich dich leider enttäuschen. Der Jepp-Typ macht die kleinste Gruppe aus. Es gibt natürlich auch Mischtypen. Aber dass jemand ein »Jepper« und ein »Not-trueer« ist, ist nicht möglich – sie leben auf zwei verschiedenen Planeten. Die entscheidende Frage ist: Welcher Typ bist du? Und aus welchen Menschentypen besteht dein Umfeld? Denn wenn ihr nicht zu *einer* Kategorie Menschentyp gehört, dann versteht ihr euch nicht, ihr redet aneinander vorbei, weil Gedanken und Sprache komplett verschieden sind. Niemals wirst du als »Jepper« Zustimmung und Unterstützung von »Not-trueern« bekommen. Im Gegenteil: Sie werden dir alles madig machen und herunterreden, sie werden dir Energie rauben. Und du wirst dir die Zähne bei dem Versuch ausbeißen, sie davon zu überzeugen, dass alles im Leben erreichbar ist. Bist du ein Jepper, dann halte dich von diesem Menschentyp fern! In Kapitel 2 sind die Gründe, warum negative Menschen unbedingt zu meiden sind, deutlich aufgezeigt.

Sind Menschen vom gleichen Menschentyp zusammen, potenziert sich das Verhalten, das diese Menschen ausmacht. Beispielsweise inspirieren und bestärken sich die Fleißigen und Mutigen vom Typ »Jepper«, ja, sie bilden eine gegenseitige »Räuberleiter«, wo jeder dem anderen hilft, eine Stufe emporzukommen. Und die eigenen Erfolge und die der anderen spornen sie an. Das andere Extrem: Menschen, die an nichts glauben, die aufgegeben haben, blockiert und destruktiv sind, befinden sich in gleicher Gesellschaft mit Menschen vom Typ 4 in einer Negativ-Abwärtsspirale.

#ViolasQuicktipp: Deshalb ist es extrem wichtig, ja geradezu essenziell, dass du und dein direktes Umfeld aus den gleichen Menschentypen besteht. Aber: Du kannst auch noch »oben« greifen! Ich erlebe es immer wieder, dass Menschen sich aber nicht trauen, nach »oben« zu greifen, sich nicht an Menschen herantrauen, die schon viel weiter sind als sie selbst, vielleicht schlauer sind, mehr erreicht haben, glücklicher oder erfolgreicher sind, also in einer anderen »Liga« spielen. Vergiss nicht, dass auch diese Menschen auf ihrem Weg nach oben verschiedene Stufen erklimmen mussten. Und glaube mir, dass solche Menschen zwar erkennen, dass du vielleicht noch nicht ihr Level erreicht hast, aber sie erkennen auch Menschen, die das Potenzial und den Ehrgeiz dafür haben.

Weg mit den rhetorischen Airbags, raus aus der Opferrolle!

Vielleicht hörst du auch – oder sagst selbst – Sätze wie »Es ist halt so!«, »Was soll ich denn machen?« oder »Das geht nicht anders!«, »Man kann nicht alles haben« oder gar »Das Leben ist hart« und »Die meinen es nicht so«. Ja, so wie viele ihr Leben führen, kann man diesen Aussagen wohl nur beipflichten. Und sicher ist nichts dagegen einzuwenden, ein Leben nach solchen Glaubenssätzen zu führen, denn sie machen sich richtig gut als Selbstentschuldigungen, Ausreden oder Vermeidungsstrategien.

Du bist, wo du bist, allein deinetwegen

Die Wahrheit ist aber: Du bist, was du heute bist, wo du heute stehst und wo du zukünftig sein wirst, allein deinetwegen. Es ist die Summe aller Handlungen, die du jemals unternommen, und aller Entscheidungen, die du jemals getroffen hast. Nein, es waren nicht die anderen und du bist auch kein Opfer deines Lebens oder der Umstände. Es sei denn, du hast dich dazu gemacht, indem du an andere die Macht über dich und dein Leben abgegeben hast – dann bist du aber auch kein Opfer, sondern Mittäter. Opfer sein heißt, dass du nichts unternehmen kannst und keinen Einfluss hast, aber das stimmt in Bezug auf dein Leben nicht, denn da liegt alles in deiner Hand.

Das mag jetzt vielleicht hart und ernüchternd klingen, aber es zeigt dir auch, dass nur *du* die Macht hast, etwas zu verändern! Nichts ist in Stein gemeißelt, nichts muss so bleiben, wie es jetzt ist. Du kannst neue Entscheidungen treffen und besser handeln – auch in Bezug auf dein Umfeld. Stell dir vor: All das hängt allein von dir ab!

Dafür ist der erste, wichtigste Schritt, dass du deine rhetorischen Airbags abschaffst! Mach Schluss mit den Ausreden, Selbstentschuldigungen und Vermeidungsstrategien und fang an mit Selbstehrlichkeit. Hab den Mut, dir selbst einzugestehen, dass du zu bequem, zu faul oder zu feige warst und vermutlich wichtige Entscheidungen immer wieder unter fadenscheinigen Ausreden vor dir hergeschoben hast. Das ist nichts Schlimmes, das nennt sich: der Realität ins Auge sehen, Akzeptanz und endlich Verantwortung übernehmen – und damit handlungsfähig werden! Denn das Anerkennen der Eigenverantwortung birgt gleichzeitig auch die wunderbare Erkenntnis, dass das Potenzial zur Veränderung ausschließlich bei dir liegt. Du allein hast die Macht! Deine Selbsteinsicht ist also der Anfang!

Ja, diese Selbsteinsicht braucht wohl etwas Mut, sie ist nicht ganz einfach und auch recht unangenehm, ja, sie tut vielleicht sogar weh – aber es ist die einzige Möglichkeit! Da passt der Spruch: Bevor es richtig gut wird, wird es erst mal richtig – Verzeihung – scheiße. Und der einzige Zeitpunkt, an dem du tatsächlich innerlich wächst, ist, wenn es unbequem ist.

Und? Bist du einverstanden? Wenn ja, können wir jetzt loslegen mit dem ersten Schritt zum Upgrade deines Lebens!

Nutze den »Kranich-Code«

Vielleicht gehörst auch du zu den Menschen, die sich wünschen, dass die Dinge um sie herum anders wären, vor allem aber, dass sie die Menschen um sich herum verändern könnten. Aber Gott sei Dank hat niemand das Recht dazu, andere zu verändern, denn jeder darf so sein, wie er will. Und weder du noch ich können einem anderen Menschen etwas vorschreiben – auch wenn wir es sicher ab und an versuchen und andere das Gleiche mit uns probieren. Aber was du tatsächlich tun kannst: Du kannst dich selbst, deine Sicht auf deine Umwelt und deine Aktivitäten verändern. Und damit verändern sich automatisch die Dinge um dich herum, vor allem aber auch die Menschen.

Am Beispiel meiner Geschichte eines Kranichs und des Teichs, an dem er lebt, möchte ich aufzeigen, wie das funktioniert und dass es wirkt.

Der Kranich am Teich

Ein Kranich stand wie jeden Tag an seinem Teich. Aber irgendetwas störte ihn. Er glaubte, es seien die Libellen, die um das hohe Schilfgras, das ruhig in der Windstille stand, unentwegt herumschwirrten. Dann meinte er, es seien die Fische, die nicht hin und her schwammen, sodass er nicht ausmachen konnte, wo sie waren. »Wenn nur nicht die ganzen Blätter auf dem Teich herumschwimmen und mir zusätzlich die Sicht versperren würden«, dachte der Kranich. Genervt schrie er:

»He, ihr Fische, kommt, bewegt euch, schwimmt herum! Und ihr Blätter, weht weg oder treibt ans Ufer. Und ihr Libellen, euer blödes Hin- und-Herschwirren regt mich auf, setzt euch irgendwo ruhig hin oder haut doch einfach ab.« Sein Geschrei hallte laut und weit über den Teich hinaus. Aber nichts tat sich, so, als hätte er rein gar nichts gesagt. Auch wenn er die Sätze noch mal und noch mal wiederholen würde – so würde rein gar nichts passieren.

Aber was wäre, wenn der Kranich selbst etwas unternehmen würde? Er sah sich um und entdeckte die Steine am Ufer. Was wäre, wenn er einen Stein nehmen würde? Und sei es auch nur ein kleiner Kieselstein. Was, wenn er den ins Wasser werfen würde? Unweigerlich würde das Auftreffen des Steins auf dem Wasser Wellen erzeugen, die sich ringförmig von ihm wegbewegen würden. Die Wellen würden das Laub ans Ufer treiben und gleichzeitig das Schilfgras bewegen, sodass die Libellen fortfliegen würden. Aufgeschreckt würden die Fische umherschwimmen. All das würde seine Aktivität auslösen. Was würde wohl ein zweiter Stein bewirken? Oder ein größerer?

Ich nenne dies den »Kranich-Code«. Der Teich ist deine Welt, dein direktes Umfeld. Und? Bist du auch ab und an ein Kranich, der dasteht, ruft und Anweisungen gibt, der alle verändern will, nur sich selbst nicht bewegen möchte? Und musst du dann auch feststellen, dass irgendwie nichts passiert und der Frust durch diese sinnlose Aktion – die man selbst wohl oft als gar nicht so sinnlos empfindet – nur noch zunimmt?

Das bringt Veränderungen

Die Steine – ob klein oder groß – sind all deine Möglichkeiten an Veränderungen, deine Aktivitäten. Wenn du sie nutzt, werden sie Einfluss haben auf die Dinge und die Menschen in deinem Umfeld. Je mehr Steine du in deinen »Teich«, also in dein Umfeld wirfst, desto mehr wird sich auch das Umfeld mitverändern – und das, wie du am Beispiel der Wellen siehst, unabhängig davon, ob die Menschen in deinem Umfeld das selbst wollen oder nicht.

Aber auch der Kranich selbst (also du) wird sich verändern. Denn er wird merken, dass all jene Veränderungen nicht durch seine Worte, sondern durch seine Aktivitäten geschehen. Er wird nicht nur feststellen, wie sie die Reaktion der anderen verändern und beeinflussen, sondern er wird lernen, dass er immer eine Möglichkeit hat, die Dinge durch seine Entscheidungen und Handlungen zu bewegen und zu verändern. Das wird ihn stärker und zuversichtlicher machen und ihn in Zukunft souveräner werden lassen. Dadurch wird er sich anders wahrnehmen, eine andere Sicht auf sich bekommen, sich selbst anders wertschätzen und dadurch automatisch andere Menschen anziehen.

#ViolasQuicktipp: Mein »Kranich-Code« lässt sich für alles einsetzen, wo du Veränderung wünschst; er funktioniert also ebenso für die Bereiche Erfolg, Selbstliebe, Gesundheit und Wohlstand.

Mach den ersten Schritt

Es ist schon erstaunlich: Ich persönlich kenne überhaupt niemanden, wirklich niemanden, der Lust aufs Warten hat – nicht auf den Bus, auf die Bahn, bei Rot an der Ampel, beim Arzt. Und doch tun die meisten Menschen genau dies – und ausgerechnet da, wo es fatale Folgen hat: im Leben! Ja, die meisten Menschen sitzen permanent im Wartezimmer ihres eigenen Lebens! Sie sitzen und warten, dass etwas passiert. Weil aber alle warten, passiert: nichts! Wodurch das Warten noch unerträglicher wird, da keine Aussicht auf ein Ende besteht, denn sie sind es gewohnt, dass sie beim Warten auf Bus, Bahn oder aufs Ampelgrün nicht aktiv werden müssen. Deshalb werden sie es natürlich auch im Wartezimmer ihres Lebens nicht. Sie warten, dass die Welt, dass die anderen etwas machen. Alle, nur sie nicht. (Hand aufs Herz: Gehörst du auch dazu?)

Der Türöffner

Und weil eben alle warten und diese Position im Grunde hassen, aber selber nichts unternehmen wollen, freuen sie sich, wenn sie jemand aus dem Wartesaal abholt! Sie sind ja auch nur allzu bereit, diesen jämmerlichen Ort zu verlassen, an dem Trübsal und Unzufriedenheit herrschen, wo Lebensfreude und Glück nicht hinkommen und wo die Tür von innen keine Klinke zu haben scheint! Was sie brauchen, ist: ein Türöffner!

Bei meinen Vorträgen und Seminaren schmettere ich oft die revolutionäre Botschaft: »Ich bin der Transit, der dich aus dem Wartesaal abholt!« Und was soll ich sagen? Ich kann zwar nicht in die Köpfe der Menschen schauen, um ihre Gedanken zu lesen, aber ich kann ihren Gesichtsausdruck sehen: Da ist ein Leuchten! Ein »Ja, ich will abgeholt werden!«, ein »Endlich!« und ein »Ich will mit!«.

Menschen wollen angestupst, begeistert, motiviert und auch geführt werden. Ja, die meisten sind es gewohnt, ein folgsames Herdentier zu sein – na und? Es kommt ja auch nur darauf an, in der richtigen Herde zu sein! Und einen guten Hirten, sprich einen Türöffner zu finden!

Aber ich verrate dir jetzt ein Geheimnis! Es gibt sehr wohl einen ganz einfachen Trick, wie man aus dem Wartesaal des Lebens kommt: Du musst nur aufstehen und auf die Tür zugehen, dann öffnet sie sich nämlich von ganz allein – ja, sie reagiert auf Bewegung, auf Aktivität! Das weiß nur keiner, weil alle sitzen und warten und nicht von der Stelle kommen. Also, steh auf! Und wenn du in der geöffneten Tür stehst, dann sieh zu den anderen, lächle sie an und fordere sie auf, mitzukommen!

Was ich dir damit sagen will:

Statt zu warten, mach den ersten Schritt!
Statt zu warten, dass irgendjemand anfängt, fang du an!

Statt zu warten, dass jemand lächelt, lächele du.
Statt zu warten, dass jemand Danke sagt, sage du Danke.
Statt zu warten, dass jemand sagt, wo es langgehen soll, sage du, wo der Weg sein kann.
Statt zu warten, dass jemand etwas verändert, verändere du etwas.

Denn genau das, was ich mit meinem Ruf: »Ich bin der Transit, der dich aus dem Wartesaal abholt!« tue, möchte ich auch dir als beinahe revolutionäre Strategie ans Herz legen: Werde aktiv! Ergreife die Initiative! Fang du an und nimm die anderen mit! Werde zum Pfadfinder, dann folgen die anderen – kurz: Mach den ersten Schritt!

Ein persönliches Beispiel: Ich lebe nun schon sehr lange in Hamburg, aber ich bin nicht hier geboren. Es heißt immer, die Hamburger seien kühl und steif wie die Brise hier oben. Ganz ehrlich: Wenn jemand locker ist, sind es wirklich die Hamburger (über 150 Jahre Reeperbahn machen locker), wenn jemand über einen derben Witz lachen kann, dann die Hamburger, und wenn einer sofort auf einen Klönschnack eingeht – dann sind es die Hamburger! Sie lachen mit! Aber sie wollen definitiv, dass du zuerst lachst! ☺

#ViolasQuicktipp: Statt immer nur auf Inspiration zu warten, kann es die größte Inspiration sein, selbst zur Inspiration zu werden!

Was habe ich denn davon?

What's in it for me? Das wollen die meisten Menschen wissen: Was ist für mich drin? Vielleicht stellst auch du dir trotz meiner flammenden Rede diese Frage.

Wenn du dich jemals über etwas gewundert hast, dann wirst du jetzt feststellen, was ein wirkliches Wunder ist! Nämlich wie die Menschen auf deine Initiative reagieren! Ja, du wirst erstaunt sein, was passiert, wenn du das erste Signal gibst, wenn du Bereitschaft demonstrierst! Zum Beispiel, wenn du die Erste oder der Erste bist, die/der lächelt. Wenn du zuerst Danke sagst. Und zwar immer und überall! Ja, werde zum Vorbild, werde zum guten Beispiel, werde zur Inspiration! Die meisten Menschen sind gar nicht so negativ oder griesgrämig – sie handeln halt aus Gewohnheit, und sie wollen nur, dass jemand anders etwas zuerst tut, weil sie schlichtweg Angst haben, dass der andere, wenn sie selbst die Initiative ergreifen, nichts erwidert, sie für doof hält oder dass sie einen Fehler machen.

Du bekommst in den meisten Fällen ein Lächeln, Dankbarkeit, Freude, Wertschätzung – ja, indem du mit anderen anders umgehst, wird mit dir anders umgegangen! Wenn du zu anderen höflich und freundlich bist, wenn du sie achtest, wertschätzt und ihnen das Gefühl gibst, wichtig zu sein, wenn du sie einfach »siehst«, werden sich dir unglaublich viele Türen und Möglichkeiten eröffnen. Das ist auch ein Phänomen des »Kranich-Codes«! Aber das Erstaunlichste passiert mit dir selbst! Denn du profitierst am meisten davon, anderen etwas Gutes zu tun, sie zu motivieren oder wertzuschätzen – es hebt deine Grundstimmung, es verändert mit der Zeit deine Grundeinstellung und dein Mindset und damit auch dein Leben zum Positiven. Ja, alles, was du tust, damit andere Menschen sich besser fühlen, trägt im gleichen Maße dazu bei, dass auch du dich besser fühlst. Umgekehrt funktioniert es genauso: Wenn du anderen schadest oder sie verletzt, wird das Gleiche zu dir zurückkommen.

Natürlich kannst du das bei allen Menschen machen, die dir begegnen, aber beginne vor allem in deinem Umfeld damit. Denk wieder an den »Kranich« – wenn du etwas veränderst, werden sich die anderen auch verändern. Nicht heute, nicht morgen, aber nach und nach. Ja, vielleicht warten dein Partner, deine Freunde, deine Familie und Kollegen auch nur darauf, dass sie endlich jemand aus dem Wartesaal abholt! Auch sie handeln nur aus Gewohnheit, und die lässt sich unterbrechen durch einen neuen Reiz, auf den sie keine antrainierte Reaktion haben.

Natürlich wird es nicht bei allen Menschen funktionieren – nichts, egal, wie super es ist, wird jemals bei allen Menschen funktionieren! Aber es ist einen Versuch wert! Es ist nämlich ein beruhigendes Gefühl, wenn du sagen kannst: Ich habe mein Bestes gegeben! Wenn das jeder machen und sagen könnte, wäre nicht nur dein Umfeld, sondern die Welt besser!

#ViolasQuicktipp: Die Menschen, dein Umfeld, das Leben – alles ist wie ein Spiegel. Ein Spiegel lächelt dich an. Aber du musst zuerst lächeln.

Kenne dein Warum

Die wichtigste Frage, die du dir auf deinem Weg zu einem idealen Umfeld noch vor dem Start stellen solltest, ist die Frage nach dem Warum. Nach *deinem* Warum. Nach dem Kernzweck einer Sache. Nach dem höheren Sinn. Nach der Daseinsberechtigung einer Sache. Warum du tust, was du tust. Denn solange du dein Warum nicht kennst, werden sämtliche Tipps und Strategien nicht wirklich erfolgreich sein.

Ich erlebe es immer wieder, dass mich Menschen fragen: »Was soll ich tun? Gib mir mal ein, zwei Tipps!« oder »Wie kann ich vorgehen? Welche probate Strategie hast du?«. Ja, auch in Bezug auf das Umfeld, wie: »Mein Partner bremst mich total bei meiner Selbstständigkeit aus, was soll ich denn da am besten machen?« oder »Meine Freunde denken, da ich zu Hause arbeite, bin ich stets für einen Kaffee und ein Schwätzchen frei verfügbar. Was kann ich tun?«. Es ist grundsätzlich nicht verkehrt, diese Fragen zu stellen, es ist nur die falsche Reihenfolge. So wird das nicht viel bringen. Warum? Es gibt zig geniale Tipps auf dieser Welt, die wirklich nützlich sind, und mindestens genauso viele effektive Methoden und Techniken. Tipps sind das Was und die Strategien und Methoden sind das Wie. Tipps, also das Was, steht am Ende und das Wie steht davor. Aber davor, ganz am Anfang also, steht dein Warum.

Der Autor und Unternehmensberater Simon Sinek zeigt es in seinem Golden Circle mit dem Warum, Wie und Was ganz eindeutig: Er erklärt in diesem Denkmodell, dass Menschen häufig wissen, *was* sie machen und *wie* sie es machen. Allerdings wissen nur die wenigsten, *warum* sie tun, was sie tun. Die drei elementaren Fragen nach dem Warum, Wie und Was stellt er in Kreisen dar, wobei das Warum den Kreis in der Mitte ausmacht, denn es ist die zentrale Frage, die erste Frage, von der alles Weitere ausgeht. Darum herum zeigt er im mittleren Kreis das Wie für die Taktik und die Methode. Und im äußeren Kreis, der sich erst aus den beiden inneren ergibt, steht das Was – was soll im Einzelnen getan werden, welche Unternehmungen?

Wenn du mit deinem Warum startest, dir klarmachst und du sicher bist, warum du etwas willst, dann bekommt alles plötzlich einen ganz anderen Dreh, eine andere Motivation, und macht auf einmal Sinn. Die meisten Menschen kennen ihr Warum nicht, sondern folgen nur Tipps und Methoden, und das ist und kann nur mäßig erfolgreich sein. Sie fühlen die Tipps und Methoden nicht, sie wissen nicht, warum sie es tun, sondern folgen nur einem Rat. Mit einem Warum machst du dir Tipps, Methoden, ja Denk- und Handlungsweisen zu eigen, sie sind die Tools für dein Warum, ihr Diener. Das Warum ist der Startpunkt – auch für dich und für dein Umfeld. Kenne dein Warum, und dann setze die Strategien und die Handlungen um, die dafür nötig sind. Dann wirst du sie nämlich auch durchhalten! Frage also nicht, was du mit deinem Umfeld machen sollst, sondern kenne dein Warum bei der Auswahl der Menschen, die zu deinem Umfeld gehören sollen.

- Was motiviert dich, was ist der Grund dafür, dass du diese Menschen auswählst?
- Warum möchtest du mit diesen Menschen zusammen sein?
- Was genau verfolgst du damit?

Kennst du dein Warum, ergeben sich für die Auswahl und den Umgang mit deinem Umfeld zwangsläufig die Strategien und die daraus resultierenden Aktivitäten. Und wenn du ganz genau dein Warum kennst, dann – aber auch nur dann – ist dir kein Wie und Was zu schwer!

#ViolasQuicktipp: Es verändert dein ganzes Leben, wenn du dein Warum kennst! Dein Warum lässt dich morgens aus dem Bett springen, dein Warum gibt dir Gewissheit, wieso du mit den Menschen zusammen bist, mit denen du dich umgibst. Dein Warum lässt dich Dinge erreichen, die ganz viele Menschen nicht erreichen, und den Weg dahin durchhalten. Beginne also mit deinem Warum bei der Erschaffung eines idealen Umfelds! Aber: Du musst an dein Warum glauben!

Die richtigen Menschen anpeilen

Unvorstellbar, aber Realität: Täglich werden unsere Sinne mit Billionen von Informationen bombardiert. Das ist eine unglaubliche Zahl, und deshalb ignorieren wir auch 99,9 Prozent davon, sonst würde uns das binnen Sekunden überfordern. Wir sehen, hören oder erfahren nur das, worauf sich unser Gehirn konzentriert. Du kennst das sicher auch: Du denkst an etwas und scheinbar kommt nur kraft deiner Gedanken genau das auf ganz wundersame Weise in dein Leben. Das ist kein mysteriöses Phänomen, sondern du siehst und bemerkst jetzt einfach das, was schon immer da war. Da du vorher aber deinen Fokus und deinen Verstand nicht darauf ausgerichtet hattest, blieb es dir sozusagen verschlossen, du warst blind dafür. Da ist es wieder: Jeder kennt das Beispiel mit den roten Autos – dein Gehirn konzentriert sich darauf und schon siehst du so viele rote Autos wie nie zuvor. Sie waren immer schon da, nur hast du ihnen keine Beachtung geschenkt.

Und das funktioniert mit jeder Sache: Mit einer neuen Sichtweise, einem neuen Fokus konzentriert sich dein Gehirn auf das, womit es sich beschäftigt und was es daher plötzlich sieht. So als ob du einen Sucher einstellst, deinem Gehirn ein paar Augen gibst oder ein Riechorgan verpasst. Wenn du deinem Gehirn also ein klares Ziel gibst, wonach es suchen und worauf es sich konzentrieren soll, dann wird es nach allem suchen, was damit übereinstimmt.

Richtig bestellt, falsch geliefert?

Lege also fest, welche Menschen du suchst. Denke an eine neue Partnerin oder an einen neuen Partner, an neue Freunde.

- Welche Eigenschaften soll derjenige haben?
- Welchen Charakter?
- Welche Denkweisen sind dir wichtig?
- Welche Handlungen machen Menschen attraktiv und wertvoll für dich?
- Nach welchen Werten soll dieser Mensch leben?
- Welche Lebensphilosophie soll er haben?

Ja, so einfach ist das! Aber nicht die Fragen bringen den Menschen, sondern es sind deine konkreten und sehr detaillierten Antworten darauf, die den Sucher für das Ziel schärfen. Denn dann wird dein Gehirn auf die Suche gehen und die Menschen, die Gespräche, ihre Worte, ihre Handlungen genau scannen, um das herauszufiltern, was du suchst. Doch braucht dein Gehirn dafür einen klaren Befehl.

Das Problem ist nur, dass die meisten Menschen zwar wissen, was sie *nicht* wollen, aber kaum konkret benennen können, *was* sie wollen. Die Enttäuschung über Freunde und Partner wäre gar nicht da, wenn die »Bestellung« richtig aufgegeben worden wäre. Die meisten denken: Was wurde mir denn da geliefert? Die richtige Frage lautet: Was hast du bestellt?

Die Lieferung ist selten falsch, der Fehler passiert in der »Bestellung«. Definiere klar, was genau die Menschen ausmachen soll, die in dein Umfeld kommen. So einfach ist das.

Das Problem ist, dass sich in die wichtigsten Dinge kaum reingedacht wird – keine Lust, keine Anstrengung, mach ich mir später Gedanken drüber. Was so viele Menschen aber nicht verstehen, ist, dass die Arbeit, die Mühe und der Kummer hinterher viel größer sind und viel mehr Zeit in Anspruch nehmen als die Momente, die es kosten würde, sich wirklich mit seinen Wünschen hinsichtlich der Menschen, die man in seinem Umfeld haben möchte, dem Gegenüber und mit sich selbst zu befassen. Also sich und den anderen zu hinterfragen, auf »Herz und Nieren« zu checken. So einfach ist das!

Kleine Mühe – großer Erfolg

Du solltest dir die kleine Mühe machen und die Fragen, die du im Abschnitt »Kenne dein Warum« sowie nachfolgend findest, beantworten, dann ersparst du dir bald oder später eine große Mühe mit deinem Umfeld – ob Partner /Partnerin oder Freunde – und vielleicht auch eine erneute Enttäuschung.

Nachdem du all diese Fragen beantwortet hast, frage dich, ob auch du all diese Vorzüge besitzt, die du dir von anderen wünschst. Ja, mit wem würden sich Menschen umgeben wollen, die all diese Vorzüge und menschlichen Qualitäten, die du dir bei ihnen vorstellst, haben? Mit dir? Und wenn ja, warum? Hand aufs Herz: Hättest du dich gerne als Partnerin, Partner, Freundin oder Freund?

Und? Wenn *ja*, warum würdest du dich selbst wählen unter acht Milliarden Menschen? Und wenn *nein*, warum möchtest du nicht mit dir zusammen sein? Bist du ein Mensch, der anderer Leute Umfeld bereichern würde? Bist du ein Mensch, mit dem man gerne zusammen wäre? Was macht dich dazu?

Meine Fragen haben einen einfachen Grund: Viele haben zig Ansprüche und Erwartungen an den Partner, die Partnerin, an ihre Freunde, ja, auch an Kolleginnen oder Nachbarn – aber welche erfüllen sie selbst? Viele – sicher auch du – möchten ein ideales Umfeld mit wunderbaren Menschen. Und was hast du selbst einem idealen Umfeld zu bieten? Oder zu wem musst du werden, damit solche Menschen auch dich attraktiv und liebenswert finden? An welchen Charaktereigenschaften und Fähigkeiten müsstest du arbeiten, oder welche musst du dir zulegen, die es braucht? Dabei geht es nicht darum, dich selbst zu verurteilen oder etwas zu bereuen, sondern du sollst Klarheit bekommen, was zu verbessern ist.

Es ist so einfach, auf andere mit dem Finger zu zeigen und zu sagen: Mach mal! Oder sei mal so oder so! Selbst so zu sein, ist der Schlüssel. Fang nicht im Außen an, nach einem idealen Umfeld zu suchen, sondern im Innen, um ein wertvoller Teil eines solchen Umfelds zu sein.

#ViolasQuicktipp: Wenn es dir wirklich ernst ist mit der Erschaffung eines idealen Umfelds, dann beantworte diese Fragen gewissenhaft (das bedeutet schriftlich) und beginne bei dir – denn die einzige Konstante, die sich durch all deine sozialen, freundschaftlichen oder Liebesbeziehungen zieht, bist du! Alles beginnt mit dir und in dir, und nicht im Außen. Die Erwartungen, die du an andere hast, stelle zuerst einmal an dich selbst! Sei oder werde zuerst selbst der Mensch, den du zu deinem idealen Umfeld zählen möchtest, dann wirst du draußen auch solche Menschen treffen – das ist das Gesetz der Anziehung, ein Naturgesetz.

Grundsätzlich würde ich dir empfehlen, *alle* Fragen in diesem Buch zu beantworten, denn Fragen bringen nicht nur Antworten, sondern auch Klarheit und Erkenntnis. Und Fragen bringen vor allem Lösungen!

Die richtige Menschen-Bestellung in der Realität

Ich weiß nicht, wie das bei dir war, aber früher habe ich mir auch mal Freunde, einen Partner oder einfach Leute gesucht, die irgendwie gepasst haben und mit denen ich Spaß hatte und etwas unternehmen konnte. Aber irgendwann kommt der Punkt, an dem du dich für Freunde und eine Partnerin oder einen Partner entscheiden solltest, die wirklich zu dir passen und – das ist das Allerwichtigste – bei denen du

- genau so sein kannst, wie du bist,
- nicht aufpassen musst, was du sagst,
- nicht darauf achten musst, wie du dich verhältst,
- nicht aufpassen musst, welche Gedanken und Meinungen du frei äußerst,
- frei entscheiden kannst, worauf du Bock hast oder nicht,
- weder Zwängen noch Erwartungen jeglicher Art unterliegst und
- keine Angst haben musst, dich und deine Lebensweise zu verwirklichen.

#ViolasQuicktipp: Dafür brauchst du kein Umfeld, das aus hundert Menschen besteht, auch nicht aus zwanzig – bei einem idealen Umfeld geht es um Qualität, nicht um Quantität.

Raus in die weite Welt

Das Gute ist, dass du dir für dein Umfeld andere Menschen suchen kannst. Oft wird die Frage gestellt: Ja, wo soll ich die denn finden? Meine schlichte Antwort: weder zu Hause auf der Couch noch in dem Umfeld, das du bereits hast. Sondern: draußen! Ja, das Leben findet draußen statt! Und da draußen laufen acht Milliarden Menschen herum! Denn dir steht die *ganze* Welt offen und nicht nur *deine* (kleine) Welt!

Lass mich dir bitte frech sagen: Denke und gehe weiter, über den Kirchturmhorizont und die Bequemzone hinaus.

Kreativität und Fantasie sind gefragt: Geh auf Veranstaltungen, probiere etwas Neues aus, buche Stunden beim Ballett oder Tango, beginne eine Sportart oder eine Weiterbildung, mach einen Kurs, eine Expedition, fahr allein nach Paris oder mach eine Bergwanderung mit Fremden, lege ein Sabbatical ein – all das findest du in dieser Welt. Es ist alles schon da, du musst es nur zulassen und natürlich machen! Denke daran: Die aufkommenden Bedenken, die dich beim Lesen dieser Beispiele vielleicht überkommen, werden in der Regel dadurch ausgelöst, dass du dir vorstellst, was dein Umfeld dazu sagen könnte. Da beginnen bereits die Mauern des Gefängnisses, das du dir selbst gebaut hast! Klar brauchen ein paar Dinge davon etwas Mut, aber was sie nicht brauchen, ist Angst.

Andere Aktivitäten bringen andere Menschen

Der Irrglaube, dem zudem viele unterliegen, ist, dass sie sich mit irgendeiner Unternehmung für den Rest ihres Lebens verpflichten müssten. Probiere aus, versuche, entdecke die Dinge und vor allem entdecke dich und andere Menschen. Unternimm Aktivitäten, wo du Menschen triffst, die dich interessieren. Deshalb solltest du vorher festlegen, was du suchst, denn wenn du weißt, was du suchst, weißt du auch, wo du suchen sollst. Und dann fällt auch der Fokus darauf. Wo Gemeinsamkeiten bereits bestehen, ergeben sich oft neue Bekanntschaften oder gar Freundschaften oder eine neue Partnerschaft.

Vor allem solltest du andere Aktivitäten in einer anderen Umwelt unternehmen, denn eine andere Umwelt, ein anderes Milieu, birgt andere Menschen. Es sind ja die Menschen, die dich nicht kennen, vor denen du keine Rolle spielen musst, sondern endlich mal du sein kannst, weil diese (noch) fremden Menschen rein gar nichts von dir erwarten und keine Erfahrungen mit dir haben.

Wenn du beispielsweise einen Kreativitätskurs belegst: Da werdet ihr euch nur über Kreativität, Ideen und Methoden unterhalten. Da ist es egal, wer deine Freunde sind, was du beruflich machst – all dieses Klischee-Gesabbel. Deshalb ist es wichtig, dass du in einem neuen Umfeld, mit neuen Menschen von Anfang an »den Mund aufmachst«, sagst, wer du bist und was du dir vorstellst, was du möchtest und was du nicht möchtest. Das ist viel einfacher, als du vielleicht glaubst.

#ViolasQuicktipp: Die Distanz zwischen Traum und Realität heißt Aktivität! Ich war beispielsweise neulich auf einer Veranstaltung, wo ich selbst ein Bild malen durfte, ich war beim Bogenschießen, beim Tango, ich habe einen Tandemsprung unternommen und mich zu einer Ballonfahrt über die Alpen angemeldet. Das sind Dinge, die mich interessieren, und da treffe ich Menschen, die Charaktereigenschaften, Werte und Ziele haben, die mir wichtig sind und mit meinen übereinstimmen. Aber auch Menschen interessieren mich, die mich an mancher Stelle weiterbringen und die ich selbst an manchem Punkt weiterbringen kann – das nennt sich persönliches Wachstum, etwas, das in einem idealen Umfeld ganz selbstverständlich ist. Das ist die »Räuberleiter«, von der du hier schon erfahren hast, das ist das so wichtige Geben und Nehmen.

Dinge allein unternehmen

»Hänschen klein ging allein ...« – sicher kennst du noch das alte deutsche Volkslied. Darin stecken, wie so oft in den alten Reimen, gute Wahrheiten. Du wirst keine anderen und neuen Menschen kennenlernen, wenn du immer jemanden mitnimmst. Es ist eine Unart so vieler Menschen, immer nur in Begleitung irgendwohin gehen zu wollen. Sie wollen etwas unternehmen, sagen aber, dass sie zuerst schauen müssten, wer mitkommen würde. Du bist kein Kind, das Unterstützung, Zuspruch oder eine Bezugsperson braucht. Wenn du eine Begleitung mitnimmst, wirst du dich mit ihr beschäftigen statt mit den Menschen draußen, du wirst dich an die Begleitung anpassen, statt deinen Wünschen und Bedürfnissen nachzugehen, du wirst dich wieder nicht frei entfalten, weil du mit Abstimmung beschäftigt bist, und du wirst wieder die Rolle spielen, die du gewohnheitsmäßig in deinem Umfeld eingenommen hast.

#ViolasQuicktipp: Ich habe in der ganzen Welt allein Aktivitäten unternommen und dadurch tolle und außergewöhnliche Dinge erlebt, ich habe mich frei von allem auf fremde Menschen und Situationen eingelassen und nicht nur Wunderbares erlebt, sondern viel über die Welt, aber vor allem über mich erfahren. Es hat mich flexibel und unerschrocken gemacht und mir die Gewissheit verschafft, dass ich überall auf wunderbare Menschen treffen und mit ihnen in Kontakt treten kann.

Es ist alles schon da

Was viele Menschen falsch verstehen, ist, dass sie meinen, sie müssten immer nur nach irgendwelchen Methoden suchen, danach, sich irgendetwas anzutrainieren, etwas anders machen oder erlernen zu können. Einer der wichtigsten Punkte, um das zu bekommen, was du haben willst, ist: es zuzulassen! Es ist nämlich alles schon da! Glück kannst du nicht erschaffen – es ist da, du musst es nur zulassen! Menschen, die dich bereichern, unterstützen, inspirieren, eine geistige und energetische Quelle sind – sie sind bereits da! Du musst sie nicht backen oder erbauen. Du musst sie nur zulassen!

#ViolasQuicktipp: Die meisten Menschen sitzen entweder resigniert auf den Boden starrend im Wartezimmer ihres Lebens oder rennen kopflos immer weiter und sehen dadurch gar nicht, was das Leben für sie bereithält und ihnen tagtäglich aufs Neue anbietet: Menschen, Ideen, Chancen, Gelegenheiten. Es ist unglaublich, wie anders du die Welt, die Dinge, die Menschen erlebst, wenn du klar definierst, welche Menschen du in deinem Umfeld vorfinden möchtest! Und wie du dir auf einmal neue Gelegenheiten und vor allem Menschen in dein Leben holst! Du musst sie einfach nur mal annehmen und zulassen! Zwischen dir und den gewünschten Menschen steht dein Verhalten.

Gesetzmäßigkeiten nutzen

Du kannst für die Erschaffung eines idealen Umfelds und damit verbunden für ein Upgrade deines Lebens nach der Trial-and-Error-Methode vorgehen – also nach dem Prinzip von Versuch und Irrtum. Ich plädiere immer dafür, Neues zu probieren. Aber du kannst auch ganz einfach auf Nummer sicher gehen und damit viele Fehler umgehen und dir Enttäuschungen ersparen (die viele ja oft missmutig werden und aufgeben lassen). Denn es gibt Gesetzmäßigkeiten und auf diese (Natur-)Gesetze kannst du dich verlassen. Die Natur und ihre Gesetze sind neutral und absolut unparteiisch, sie bevorzugen oder benachteiligen niemanden.

Das Gesetz der Anziehung

Das, was du im voranstehenden Absatz über die roten Autos lesen konntest, folgt nichts anderem als dem Gesetz der Anziehung. Die roten Autos waren schon immer da, doch nun ziehst du sie durch deinen Fokus und durch die Übereinstimmung mit dem, womit du dein Gehirn beauftragt hast, in dein Leben. Durch die Kraft deiner Gedanken. So funktioniert dieses Gesetz, das seit über 5000 Jahren beobachtet und beschrieben wird: Du ziehst automatisch das an, was im Einklang mit deinen vorherrschenden Gedanken steht. Hegst du positive Gedanken, ziehst du positive Dinge, Umstände und Menschen an. Hast du negative Gedanken, ziehst du negative Dinge, Umstände und Menschen an. Deshalb: Pass auf, was du denkst!

So funktioniert es auch mit deinem idealen Umfeld: Wenn du mithilfe deiner Antworten auf meine Fragen der vorangegangenen Kapitel genau festlegst, welche Menschen du in deinem idealen Umfeld haben willst, das in deinem Gehirn verankerst und wie einen Sensor justierst, ziehst du diese Menschen automatisch an. Wie ein Magnet Nägel anzieht.

Das Gesetz der Anziehung zählt zu den wichtigsten Grundsätzen, die Erfolg und Scheitern in allen Lebensbereichen erklären.

Die sich selbst erfüllende Prophezeiung

Das nächste Gesetz, das ich irgendwann für mich entdeckt habe, ist das Gesetz der Erwartungen. Das Gesetz besagt: Was immer jemand mit Zuversicht erwartet, wird zu einer sich selbst erfüllenden Prophezeiung. Das bedeutet, dass du nicht das bekommst, was du willst, sondern das, was du erwartest.

Der Volksmund hat diese Gesetzmäßigkeit durch etwas fragwürdige Redensarten in den Alltag eingebracht, wie »Wenn du unter einer Leiter durchgehst, bringt das Unglück« oder »Du hast sieben Jahre schlechten Sex, wenn du dir beim Zuprosten nicht in die Augen siehst« – was mit an Sicherheit grenzender Wahrscheinlichkeit nicht daran liegt. Wissenschaftlich betrachtet, steckt das dahinter, was Dorothy Swaine Thomas und William I. Thomas im »Thomas-Theorem« formuliert haben: »Wenn die Menschen Situationen als wirklich definieren, sind diese in ihren Konsequenzen wirklich.«

Du bekommst, was du erwartest

Ich bin an einem Sonntag geboren – also ein Sonntagskind – und noch dazu an einem 7., die Zahl, die als mächtigste Zahl der Welt gilt. Da ich fest daran glaube, dass ich also ein absolutes Glückskind bin, sehe ich in allem eine glückliche Fügung und glaube auch fest daran, dass sich stets alles zu meinen Gunsten wenden wird. Und genau diese Überzeugung, dass ich ein Glückskind bin, bestimmt mein Denken und mein Handeln, lässt mich an alles ganz anders herangehen und andere Dinge und Möglichkeiten wahrnehmen, als es jemand tun würde, der sich für einen Unglücksraben hält. Ich gehe also mit ganz anderen Erwartungen an meinen Tag, meine Unternehmungen und mein Leben heran.

Wenn du mit Gewissheit erwartest, dass bestimmte Dinge passieren werden, übt diese Gewissheit eine unglaubliche Macht auf dich, deine Persönlichkeit und auf deine Haltung aus. Das Geniale an Erwartungen ist, dass du deine eigenen erschaffen kannst. Und je klarer deine Erwartungen sind, desto wahrscheinlicher ist es, dass du genau das sagen oder tun wirst, was damit im Einklang steht. Infolgedessen erhöht sich die Wahrscheinlichkeit enorm, dass du deine Erwartungen auch erfüllt sehen wirst. Wenn du also jeden Morgen aufstehst und durch den gesamten Tag mit der festen Erwartung gehst, dass dir wunderbare Dinge geschehen werden, dann baut sich um dich herum eine Energie, ja ein regelrechtes Kraftfeld auf, das die Menschen, denen du begegnest, beeinflusst.

Glückliche Menschen erwarten, dass sie glücklich sind, erfolgreiche, dass sie erfolgreich sind. Diese Menschen gehen vom Besten aus und werden selten enttäuscht. Und wenn doch, dann erwarten und glauben sie, auch aus Fehltritten und Rückschlägen etwas Gutes und Nützliches mitnehmen zu können. Den positiven Erwartungen gegenüber stehen die negativen Erwartungen, die viele Menschen haben. Menschen mit negativen Erwartungen erwarten, dass sie scheitern werden, statt Erfolg zu haben. Sie erwarten, dass sie enttäuscht, verärgert oder gar verletzt werden. Sie erwarten, dass ihre Pläne und Vorhaben nicht aufgehen. Statt zu denken: »Was ist, wenn ich fliege?«, denken sie: »Was ist, wenn ich falle?«! Sie denken nicht nur, sondern reden zudem permanent über Menschen oder Gegebenheiten, die sie frustrieren oder wütend machen. Da sind Enttäuschungen jeglicher Art vorprogrammiert. Es gehört zu dem Wichtigsten, was du tun kannst, um nicht nur ein ideales Umfeld zu bekommen, sondern grundsätzlich glücklich zu leben, dass du vom Allerbesten in jedem Menschen und jeder Situation ausgehst, unabhängig davon, wie manches zunächst erscheint.

#ViolasQuicktipp: Mach es zu deiner Gewohnheit, ja, zu deiner Lebensart, positive Erwartungen zu haben. Die Wirkung auf dich selbst und auf andere wird dich absolut positiv überraschen!

Die Gesetzmäßigkeit von Geben und Nehmen

Ich glaube fest an diese Gesetzmäßigkeit! Und zwar vor allem an das Geben – denn nicht nur im Wortgefüge steht es noch vor dem Nehmen, sondern auch in der Umsetzung. Erst als ich verstanden habe, dass ich zuerst geben muss und erst dann nehmen kann, habe ich in meinem Leben ein ganz anderes Level erreicht.

Und damit meine ich nicht das Missverhältnis, dass manche Menschen immer nur geben oder gar mehr geben, als sie haben. Oder dass manche nur etwas geben, weil sie auf die Gegenleistung spekulieren oder sie gar einfordern, oder dass manche nur etwas geben, weil sie auf den karmischen Ausgleich warten. Oder dass manche nichts nehmen, weil sie das als egoistisch oder habgierig empfinden. Nein, was ich meine, ist nicht Selbstaufgabe, Verzicht oder eine Erwartungshaltung anderen gegenüber – das entspricht nicht der Gesetzmäßigkeit von Geben und Nehmen. Was ich meine, hat nur etwas mit dir zu tun, mit deiner inneren Haltung. Mit deiner Zufriedenheit, Reflexion, mit einem bewussten Leben und der Selbsterkenntnis, dass du mit Sicherheit mehr Reichtum hast als die meisten anderen Menschen – nur so kann Großzügigkeit, kann Geben entstehen.

Das ist eine Lebensart, die du im Laufe des Lebens entwickeln kannst und die ich dir sehr ans Herz legen würde. Es fängt also wieder bei und mit dir an: Denn wenn du dich zuerst um dich kümmerst, in deinem Leben für Gleichgewicht sorgst, trainierst du damit Großmut. Auch bei deinem idealen Umfeld solltest du darauf achten, dass es aus Menschen besteht, die gerne geben und die das bewusst tun, weil es auch ihre Lebensart ist. Die nicht darauf hoffen oder gar erwarten, dass sie alles 1:1 oder gar mehr zurückbekommen, sondern die einfach von sich aus geben. Und tief innen ein Vertrauen haben, dass, wenn sie etwas brauchen, es ihnen auch gegeben wird.

Wer gerne gibt, empfindet nicht nur ein wunderbares, fast berauschendes Gefühl aus einem Mix an kindlicher und erwachsener Freude, an Empathie, Verbundenheit und, ja, Demut, er entwickelt zudem Zuversicht. Wenn du den Menschen gibst, blühst du dabei emotional auf. So haben alle etwas davon. Dieses Gefühl stellt sich aber nur ein, wenn das Geben wirklich von Herzen kommt. Denn wahres Geben, wahre Großzügigkeit entsteht nicht aus Pflichtgefühl, aus Gewissensberuhigung oder aus der Erwartung karmischen Ausgleichs, sondern aus innerem Antrieb.

#ViolasQuicktipp: Ein ganz persönliches Beispiel von mir: Meine beste Freundin Tina und mich macht es regelrecht glücklich zu geben (wir sind seit über zwanzig Jahren unzertrennlich und haben eine Freundschaft ohne Tabus und basierend auf vollkommenem Vertrauen). So bringen wir uns, immer wenn wir uns sehen, ein Tütchen mit Kleinigkeiten mit, genau abgestimmt auf das, was der andere mag. Und wir freuen uns beide mehr über die Reaktion des anderen als über das eigentliche Geschenk.

Der Maßstab Harmonie

Alle guten Beziehungen dürfen und können weder aus übermäßigen Kompromissen oder permanentem Verzicht noch aus Forderungen oder Bedingungen, auch nicht aus dem Erfüllen der Erwartungen anderer oder gar Abhängigkeiten bestehen oder auf ihnen basieren. Je tiefer du in das Thema »ideales Umfeld« einsteigst und je mehr du die essenziellen Faktoren dafür verstehst und verinnerlichst, umso mehr wirst du derartige Beziehungen meiden, ausschließen oder beenden.

Gute und funktionierende Beziehungen sind harmonisch und ausgeglichen. Das zeigt sich auch in einem ausgewogenen Verhältnis zwischen »ich«, »du« und »wir« und darin, dass dabei – besonders bei Liebesbeziehungen – auch ein »ich allein« und »du allein« vorkommen.

Achte darauf, dass auch die Menschen um dich herum genauso viel Wert auf eine ausgewogene Verteilung dieser Anteile legen. Denn auch wenn die Qualität der gemeinsamen Zeit mit einem idealen Umfeld definitiv zunimmt und du genau wie alle anderen davon mehrfach profitierst, wirst du dir in einem ausgeglichenen Umfeld auch Freiraum für dich und für die so wichtige Zeit für dich allein ganz selbstverständlich nehmen können. Menschen eines idealen Umfelds erachten das als genauso wichtig.

Das Gesetz von Ursache und Wirkung

Dieses Gesetz besagt, dass es für jede Wirkung eine Ursache gibt – es ist das Grundprinzip unserer westlichen Philosophie. Alles geschieht aus einem bestimmten Grund, nichts geschieht aus Zufall. Ein gutes und erfolgreiches, ein glückliches oder unglückliches, ein reiches oder armes Leben und selbst gute oder ungesunde Beziehungen lassen sich mit Gesetzmäßigkeiten erklären. Das Gesetz funktioniert also, indem bestimmte Ursachen eine bestimmte Wirkung erzeugen. Wenn du also bestimmte Ursachen schaffst, wirst du bestimmte Wirkungen erzielen.

Das bedeutet auch, wenn du tust, was andere erfolgreiche Menschen tun, und das immer wieder, wirst du letztlich die gleichen Ergebnisse erzielen. Das ist eine Frage der Gesetzmäßigkeiten und nicht des Glücks oder Schicksals, wie viele glauben.

Wenn du ein ideales Umfeld haben möchtest, das aus guten Beziehungen zu Menschen besteht, die dich lieben und achten und die du liebst und achtest, dann finde einfach heraus, was die Menschen tun, die glückliche und wertschätzende Beziehungen unterhalten, und tue dasselbe wie sie. Unternimm die gleichen Aktivitäten, frage nach ihren Denk- und Handlungsweisen. Du kannst alles lernen und alles annehmen. Alles, was du tun musst, ist, das Ursache-Wirkungs-Prinzip herauszufinden und es anzuwenden.

Einen Großteil dieser Aktivitäten und der Denk- und Handlungsweisen bekommst du von diesem Buch aufgezeigt. Wenn du all meine Vorschläge, Tipps, Ideen, Methoden, Denk- und Handlungsweisen berücksichtigst, erlernst und dir zu eigen machst, ist es eine logische Konsequenz, dass du menschliche Minuspole erkennen und aus deinem Leben verbannen kannst, ebenso wie es dir geradezu einfach vorkommen wird, ein ideales Umfeld zu erschaffen. Diese Gesetzmäßigkeiten gelten für alle – denn das Leben ist unparteiisch. Und deshalb kann jeder, der die Voraussetzungen für etwas herausfindet und sie in sein eigenes Leben übernimmt, genau die gewünschte Wirkung erzielen, die er sich vorstellt. Nur leider tun das die wenigsten Menschen, obwohl es jedem möglich ist. Es ist eine ganz einfache Methode, die garantiert funktioniert – wenn du funktionierst.

Denn wenn du alle Gesetzmäßigkeiten zusammenfasst, kommst du zu einem elementaren Universalgesetz, das dich und all die Dinge in deinem Leben erklärt: Du wirst zu dem, woran du die meiste Zeit denkst! Noch mal: Du wirst zu dem, woran du die meiste Zeit denkst! Ob Menschen, Situationen, Erfolge oder Misserfolge – das beschwörst du herauf. Wen und was hast du also durch deine Art zu denken in dein Leben gebracht? Wie kannst du das ändern?

Das ist kein Aberglaube, keine Esoterik oder wilde Theorie – das ist die Quintessenz aus den Gesetzmäßigkeiten. Das Gute daran ist, dass dein gesamtes Denken, worauf du dich konzentrierst und wodurch du letztlich zum Gewünschten geführt wirst, komplett in deiner Hand liegt. Das ist das Einzige, was du brauchst: dein gesteuertes, bewusstes Denken – um dein Leben zu formen und dein ideales Umfeld zu erschaffen.

(D)ein richtiges Mindset

Was immer du mit Überzeugung glaubst, wird zur Wirklichkeit. Das ist ein Grundprinzip, auf dem ein beachtlicher Teil der Metaphysik, der Religion, der Psychologie und der Philosophie basiert. Wenn du glaubst, dass du dir ein ideales Umfeld erschaffen kannst, wird das zur Wirklichkeit. So wie es auch Wirklichkeit wird, wenn du glaubst, dass dir das nicht möglich ist.

Hier geht es um das große Ganze

»Glaube, dass dein Leben lebenswert sei, und dein Glaube wird dazu beitragen, dass es zur Tatsache wird«, schrieb der ehemalige Harvard-Professor für Psychologie und Philosophie William James gegen Ende des 19. Jahrhunderts.

Tatsache ist, du siehst die Dinge und die Welt nicht, wie sie sind, du siehst die Dinge und die Welt, wie du bist. Dein Glaube, deine Glaubenssätze – sprich dein Mindset – sind deine Realität. Durch diese Glaubenssätze-Brille hast du eine verzerrte Sicht auf die Welt. Wenn du ohnehin glaubst, dass das Leben es mit anderen immer besser meint als mit dir oder dass du in irgendeiner Form eingeschränkt oder benachteiligt bist, es nicht schaffen kannst, viel zu verdienen, abzunehmen oder glücklich zu sein – dann ist das auch so. Denn deine Gedanken und Entscheidungen, ja, alle deine Überzeugungen sind darauf ausgerichtet. Demzufolge setzt du dir kleinere Ziele, nimmst weniger gute Dinge für dich in Anspruch, gibst schneller auf, triffst schlechtere Entscheidungen und verpackst dies im schlimmsten Fall unter dem Deckmantel des »Ich bin halt so«. So werden deine Überzeugungen zu deiner Realität und zu deinem Leben. Es ist alles dein Mindset.

Es ist deine Programmierung

Dein Mindset ist deine innere Einstellung – es basiert auf deinen Prinzipien und Grundüberzeugungen, die du dir im Laufe der Jahre angeeignet hast. Dein Mindset entscheidet maßgeblich darüber, was du dir zutraust, welche Entscheidungen du triffst, wie du mit Niederlagen umgehst, ob du Herausforderungen suchst oder meidest und ob du gar schon im Vorhinein aufgibst. Du bist genauso wohlhabend, schlank, zufrieden, erfolgreich und glücklich, wie es deinem Mindset entspricht.

Dein Mindset besteht sehr oft aus Glaubenssätzen, die nicht deine eigenen sind. Du hast sie gehört und übernommen, du hast sie dir durch Wiederholung und Programmierung zu eigen gemacht. Deshalb gelingen vielen Menschen auch viele Dinge nicht, und deshalb fühlen sich manche Menschen auch nicht »richtig« oder nicht motiviert, weil das, was sie denken und tun, im Grunde gar nicht ihren eigenen Überzeugungen entspricht, ja, ihnen sogar oftmals widerspricht. Aber das merken sie häufig gar nicht, weil sie ihre Überzeugungen schon lange haben und sie als echt und richtig ansehen und ihr Umfeld in der Regel genau die gleichen Glaubenssätze hat. Dadurch bleiben sie auch weit unter ihren Möglichkeiten. Bei vielen Menschen sind auch alte Glaubenssätze vorhanden, Annahmen von früher, die nie wieder aktualisiert wurden. Daraus haben sich fehlerhafte Vorgänge des Verstandes und falsche Annahmen gebildet, die einem glücklichen, zufriedenen und erfüllten Leben im Wege stehen. Und damit einem idealen Umfeld.

Zwei Arten von Mindset

Menschen mit festgelegten, unumstößlichen Glaubenssätzen (wie ich soeben beschrieben habe) verfügen über ein sogenanntes Fixed Mindset. Alles scheint für sie in Stein gemeißelt, die Dinge – wie beispielsweise das Umfeld und seine Menschen – sind, wie sie sind, sie sind begabt oder unbegabt, vom Leben bevorzugt oder eben nicht – bestenfalls ist alles schwarz oder weiß. Sie halten es nicht für möglich, dass sie ihre Glaubenssätze, ihre Überzeugungen und Meinungen ändern oder gar optimieren und damit plötzlich in einer ganz anderen Welt leben könnten.

Diese Menschen bestätigen sich oft auch noch selbst in ihrem Mindset: So nehmen sie kleine Niederlagen gern als Beweis, dass ihnen das Versuchte nicht liegt oder sie dafür halt nicht kompetent genug sind. Sie lernen auch nicht oder beschäftigen sich wenig bis gar nicht mit Weiterbildung, da das sowieso nichts bringen würde.

Ein Mensch mit einem Growth Mindset hingegen würde ihnen sagen, dass jeder alles erlernen und sich jedes Wissen und jede Fähigkeit aneignen kann. Sein Mindset ist ein wachstumsorientiertes. Er besitzt die grundlegende Überzeugung, dass er lernen, wachsen und sich verändern kann, und zwar in jeder beliebigen Art und Weise. Bei Menschen mit einem Growth Mindset ist nichts in Stein gemeißelt, sie probieren aus, schauen, lernen, entwickeln sich weiter und erreichen dadurch vieles, was Menschen mit einem Fixed Mindset nie erreichen werden.

Alles eine Sache der Einstellung

Warum die lange Einleitung? Weil ich mir wünsche, dass du verstehst, dass hinter deiner Welt und deinem Leben deine Glaubenssätze, deine Ansichten und deine Überzeugungen stecken! Weil ich mir wünsche, dass du verstehst, dass du dein Mindset, deine innere Einstellung und deine Überzeugungen ändern, also ein Growth Mindset entwickeln kannst! Und weil ich mir wünsche, dass du verstehst, wie elementar deine Glaubenssätze auch dafür verantwortlich sind, mit welchen Menschen du dich umgibst, was du dir im Leben von ihnen oder anderen gefallen lässt und was du glaubst, welche Menschen du in dein Umfeld holen kannst! Denn mit der richtigen Einstellung kann dich niemand aufhalten, mit der falschen kann dir niemand helfen! Gleich noch mal: Mit der richtigen Einstellung kann dich niemand aufhalten! Und mit der falschen kann dir keiner helfen!

Wenn du dich wirklich von negativen und destruktiven Menschen befreien, dir ein ideales Umfeld erschaffen und damit ein Upgrade deines Lebens erreichen willst, besteht einer der wichtigsten Schritte darin, dass du deine bisherigen, oft lähmenden Überzeugungen nicht nur infrage stellst, sondern vor allem herausfindest, welche von ihnen dich ausbremsen. Das mag nicht ganz einfach sein, aber mit destruktiven und einschränkenden Glaubenssätzen zu leben, ist es erst recht nicht.

Stell dir einfach vor, du hättest ein weißes Blatt, das du neu beschreiben könntest, all deine bisherigen Glaubenssätze, Annahmen und Überzeugungen wären gelöscht und du könntest ganz neue festlegen! Dir wären überhaupt keine Grenzen gesetzt! Und wenn dein neuer, aus tiefer Überzeugung formulierter Glaubenssatz lautet, dass du alles neu aufstellen und alles erreichen kannst, dann wirst du Mittel und Wege finden, das auch umzusetzen, und entsprechend wird sich dein ganzes Umfeld und auch dein ganzes Leben verändern. »Euch geschehe nach eurem Glauben« – die Bibelfesten kennen diesen Satz von Jesus.

Einer der wichtigsten Glaubenssätze, die du dir antrainieren und durch Wiederholung nach und nach zu eigen machen solltest, ist: »Ich habe nur das Beste verdient!«

Ich habe diesen Satz schon längst in meine Glaubenssätze übernommen. Wenn das aus Sicht deiner momentanen Glaubenssätze noch unvorstellbar für dich oder anmaßend, arrogant und gar egoistisch klingt, dann stelle ich dir folgende Fragen:

Ist es wirklich anmaßend, das beste Leben haben zu wollen?
Ist es wirklich arrogant, die bestmöglichen Freunde haben zu wollen?
Ist es falsch, den bestmöglichen Partner oder die bestmögliche Partnerin in seinem Leben haben zu wollen?
Ist es wirklich egoistisch, den besten Apfel aus der Schale zu nehmen anstatt den mit dem Wurm?

Also: Hör auf, dich mit menschlichen Trostpreisen und mit B- und C-Optionen zufriedenzugeben, die gerade mal ein »Okay-Siegel« erhalten würden! Du hast nur dieses eine einzige Leben und du hast das Beste verdient, denn eine zweite Runde gibt es nicht!

#ViolasQuicktipp: Ich weiß, dass das etwas dauert, auch wenn es noch so gute Glaubenssätze und Überzeugungen sind. Aber die gute Nachricht ist: Deine derzeitigen Glaubenssätze sind erlernt und antrainiert und genauso kannst du jede andere Überzeugung erlernen und antrainieren.

Die Psychologie sagt: Wir können besser gucken als denken! – Also gib dir visuelle Unterstützung, um neue Glaubenssätze zu etablieren. Schreibe beispielsweise den Satz »Das Beste ist gerade gut genug für mich!« auf ein Post-it und klebe ihn sichtbar so lange irgendwohin, bis dein Gehirn ihn »geschnappt« hat. Du kannst diesen Satz auch hier im Buch dick anmarkern. Oder markiere die für dich besonders wichtigen Stellen im Buch am Rand mit einem Herzen, Stern oder Ausrufezeichen. Das kannst du mit jedem Satz aus dem Buch machen, der dich besonders triggert.

Ein Diamant auf dem Weg zum idealen Umfeld: Selbstliebe

Wenn ich dir nur *einen* Schlüssel oder *den* Hauptschlüssel für das Erschaffen eines idealen Umfelds, für gute Beziehungen und nicht nur für ein Upgrade deines Lebens, sondern für ein zufriedenes und glückliches Leben verraten könnte, dann wäre es dieser: Selbstliebe.

Der Kern deiner Persönlichkeit & die Essenz von Beziehungen

Selbstliebe, verbunden mit Selbstachtung, ist der Kern, das Mark deiner Persönlichkeit. Wie sehr du dich selbst liebst, entscheidet darüber, wie optimistisch du bist, wie zuversichtlich du in die Welt schaust, wie gesund du bist, wie groß deine persönlichen Vorhaben sind, wie du dich von Fehlern und Rückschlägen erholst und vor allem auch, wie sich dein Umfeld gestaltet.

In der Bibel steht: »Liebe deinen Nächsten wie dich selbst!« Eine krassere Aufforderung zur Selbstliebe und einfachere Anleitung für ein ideales Miteinander gibt es nicht. Nächstenliebe schließt Selbstliebe mit ein. Im Umkehrschluss bedeutet das aber auch: Wenn du dich selbst nicht liebst, kannst du auch deinen Nächsten nicht lieben oder mögen! Und genau das ist das Übel, das sich durch so viele Beziehungen jeglicher Art frisst: der Mangel an Selbstliebe! Aus diesem Mangel und der Unfähigkeit, andere wirklich zu lieben, entstehen die vielen lieblosen Beziehungen, die vielen faulen Kompromisse und die mittelmäßigen Arrangements, die überall zu beobachten sind.

Die besondere Bedeutung der Selbstliebe wurde bereits in alten Schriften wie der Bibel erwähnt, hat die Zeit überdauert und findet sich in der heutigen Wissenschaft immer noch bestätigt, wie zum Beispiel in der Aussage der deutschen Psychoanalytikerin und Fachärztin für Psychiatrie Luise Reddemann, die Selbstliebe als Voraussetzung für eine gute Verbindung zur Welt und zu anderen Menschen bezeichnet.

Die Basis von Selbstliebe ist Selbstakzeptanz – und zwar mit allem Drum und Dran. Und dein Maß an Toleranz und Akzeptanz, mit dem du nicht nur deine eigenen Stärken, sondern auch (liebevoll) die eigenen Schwächen und Fehler annimmst, entspricht genau dem Maß an Toleranz und Akzeptanz, mit dem du die Stärken und vor allem Schwächen anderer Menschen annimmst. Oder eben nicht. Wenn du dich selbst ablehnst, kannst du dich selbst nicht lieben. Und wer sich selbst nicht liebt, kann auch andere nicht lieben.

Ob und wie du dich selbst liebst, dich selbst akzeptierst, wie du dich wertschätzt, umsorgst und wie gut du es mit dir meinst – also die Beziehung, die du zu dir selbst hast –, ist die Blaupause dafür, welche Beziehung du zu anderen hast! Hier wirkt das einfache Gesetz der Entsprechung. Denn deine innere Welt ist deine äußere Welt – wie bei jedem anderen Menschen auch. Die Menschen um dich herum behandeln dich so, wie du dich und wie du sie behandelst – alles ist dein Spiegelbild. Deine äußere Welt, insbesondere dein Umfeld, spiegelt dir zurück, was du in deinem tiefsten Innern denkst und fühlst – unabhängig davon, ob dir das bewusst ist oder nicht.

Selbstliebe ist die erstrebenswerteste Fähigkeit, denn Menschen, die sich selbst lieben, sind in der Regel in ihrer Mitte, sie sind zufrieden, glücklich, kurz gesagt: »fein« mit sich selbst. Das Bedürfnis, lieblos zu ihren Mitmenschen zu sein, ist ihnen fremd, ja, es widerstrebt absolut ihren Werten, sich so zu verhalten.

Genau entgegengesetzt verhalten sich Menschen, die sich selbst nicht mögen, lieben und wertschätzen, die mit sich selbst unzufrieden sind. Das sind oft jene Menschen, die ihre Unzufriedenheit und ihren Mangel an positiven Gefühlen an anderen auslassen – und das ist leider keine Seltenheit. Eine Ursache hierfür ist, dass diese Menschen sich sehr wenig mit sich selbst beschäftigen und sich deshalb selbst auch nicht kennen – und wie soll ich jemanden mögen oder gar lieben, den ich gar nicht kenne? Und da sie weder Achtsamkeit noch Reflexion leben, kommt es ihnen natürlich auch gar nicht in den Sinn, dass sie selbst die Wurzel ihrer Unzufriedenheit sind. Die suchen sie bei anderen, im Außen.

Fehlt dir Selbstliebe, ist es dir nicht möglich, eine glückliche Beziehung zu führen, weder zu dir noch zu anderen. Ebenso steht dem im Wege, einen Partner oder eine Partnerin zu haben, der/die keine oder wenig Selbstliebe empfindet. Denn dieser Mensch wird liebevolle Worte, Komplimente und Lob – die Bestandteil einer glücklichen Partnerschaft sein sollten – nur schwer glauben oder akzeptieren oder auch nicht in der Lage sein, diese von Herzen zu geben. Deshalb lautet mein elementarer Rat: Liebe dich selbst und suche dir auf jeden Fall (ausschließlich) Menschen, die sich selbst lieben, achten und wertschätzen. Wieder einmal kommt es auf deine Aktivität an. Wenn du ein ideales Umfeld erschaffen willst, starte mit Selbstliebe, beginne damit, dich selbst zu mögen und zu lieben – denn das ist der erste Schritt in Richtung gute Beziehung zu dir und zu anderen.

Der Filter für ein ideales Umfeld

Selbstliebe wird dir bei der Erschaffung eines idealen Umfelds insofern dienen, als sie wie ein Filter funktioniert, der alles zurückhält oder auffängt, was nicht gut für dich ist. Und je mehr du dich selbst liebst und damit verbunden auf dich achtest, umso feiner wird der Filter sein und umso ausgewählter und qualitativ hochwertiger werden die Menschen und Dinge sein, die zu dir durchdringen. Ja, du wirst einfach auch einen ganz anderen Typ Mensch für dein Umfeld in Erwägung ziehen und prüfen, ob die- oder derjenige es wirklich wert ist, an deiner Seite zu stehen. Denn proportional zur wachsenden Selbstliebe erhöhst du die Anforderungen, die du an dein Umfeld stellst – dadurch erhöht sich natürlich auch die Qualität sämtlicher Beziehungen, und sie werden intensiver und wertvoller werden.

Sicher werden nicht viele Menschen infrage kommen, aber das ideale Umfeld zeichnet sich durch Qualität und nicht durch Quantität aus. Am Ende deiner sorgfältigen Auswahl zählen dann Menschen und Beziehungen zu deinem Umfeld, die sich durch Ehrlichkeit, Respekt, Dankbarkeit, Wertschätzung, Vertrauen, Loyalität, aber auch durch positive Energie und die Vermittlung von Wohlgefühl auszeichnen – etwas, was viele Menschen in ihren Beziehungen leider nicht kennenlernen.

Woran du Selbstliebe beim anderen erkennst

Ob ein Mensch sich selbst liebt oder nicht, lässt sich bereits nach kurzer Zeit feststellen: Du brauchst diesem Menschen nur wenige Momente lang zuzuhören und zuzuschauen und zu beobachten, wie er mit sich selbst umgeht. Ich habe dir in der folgenden Checkliste zusammengestellt, worauf du achten solltest.

Ein Mensch, der sich selbst liebt,

- spricht positiv über sich und vermeidet jegliche Abwertungen seiner selbst,
- macht sich selbst Komplimente,
- geht wertschätzend mit sich selbst um,
- ist sich selbst gegenüber großzügig,
- achtet seelisch und auch körperlich auf sich,
- ist sich so viel wert, dass er sich mit schönen Dingen und Momenten belohnt,
- braucht, liebt und nimmt sich Zeit für sich,
- geht einfach richtig gut mit sich selbst um,
- ist stolz auf sich,
- lächelt und lacht öfter,
- nimmt die Dinge des Lebens leichter, akzeptiert sie so, wie sie kommen, und macht das Beste daraus,
- spricht sich selbst Mut und Motivation zu,
- traut sich, Risiken einzugehen,

- demoralisiert sich nicht,
- akzeptiert alles an sich,
- macht einen souveränen Eindruck,
- hat eine innerlich starke Haltung, die man ihm ansieht,
- meint, was er sagt, und steht dazu,
- setzt sich selbst und anderen gesunde Grenzen,
- übernimmt Verantwortung für sich und sein Handeln,
- toleriert eigene Schwächen und kann sogar darüber scherzen,
- ist empathisch,
- vergibt sich nichts dabei, sich zu entschuldigen,
- nutzt das Wort »Nein« ohne schlechtes Gewissen,
- nutzt das Wort »Ja« ohne Zuspruch von anderen und
- umgibt sich nur mit Menschen, die er liebt und wertschätzt und von denen er geliebt und wertgeschätzt wird.

Allein anhand dieser Checkliste lässt sich das jetzige Umfeld checken und entgiften. Gleichzeitig ist sie die zuverlässige Anforderungsliste für ein ideales Umfeld und – ich bin mir sicher, dass auch du das erkannt hast – für eine absolut erstrebenswerte Lebensweise.

#ViolasQuicktipp: Wenn du dich selbst liebst, hast du alles, was du für dich brauchst, und verwechselst brauchen nicht mit lieben.

Die Universalschlüssel: Wie selektierst du klug?

Die amerikanische Unabhängigkeitserklärung besteht aus etwa dreihundert Wörtern. Es braucht also keine langatmigen Abhandlungen, um wichtige Dinge in klare Worte zu fassen. Kurze Sätze lassen alles Überflüssige weg und konzentrieren sich auf den Kern – ohne Schnickschnack, ohne Interpretationsmöglichkeiten. Kurz und gut.

Und so habe ich dir zwei Checklisten erstellt, die kurz und prägnant aufzählen, welche Must-haves ein ideales Umfeld haben sollte.

Checkliste 1: Die goldenen Regeln für ein ideales Umfeld

- Wähle bewusst, mit wem du dich umgibst, denn damit kannst du dein Leben verändern.
- Erschaffe ein ideales Umfeld aus Menschen, die dir Wissen vermitteln, die dich weiterbringen und dich aus deinen Fehlern lernen lassen.
- Wenn du wachsen und weiterkommen willst, suche dir Menschen, die dich herausfordern, deine Standards und dein Level zu erhöhen.
- Es sollten Menschen sein, die, wenn du mal ratlos bist, strauchelst oder zweifelhafte Aktivitäten unternimmst, dich selbstlos daran erinnern, wer *du* bist.
- Umgib dich nur mit Menschen – und das ist das größte Geschenk –, die sich nie mit weniger zufriedengeben als mit dem, was sie selbst tun, geben oder sein können.

Checkliste 2: Der 10-Punkte-Code

Hier bekommst du meinen knackigen 10-Punkte-Code, der aus einfachen Faktoren besteht, für die es ohne Wenn und Aber ein klares Ja geben muss. Hinter jedem knapp formulierten Punkt steckt eine ganze Lebens- und Denkphilosophie.

Wähle Menschen, die

1. dich wählen,
2. fragen und wissen wollen, wer du bist,
3. dich sehen,
4. dich du selbst sein lassen,
5. ein gutes Gefühl für dein Befinden haben,
6. dich durchatmen lassen,
7. dich nicht vorführen,

8. gut für deine mentale Gesundheit sind,
9. nicht versuchen, dich in irgendeiner Form zu kontrollieren,
10. und die sehen wollen, dass du gewinnst!

#ViolasQuicktipp: Für mich ist zudem Loyalität ein entscheidender Punkt für ein ideales Umfeld und überhaupt ein Grundpfeiler für Beziehungen. Sie ist eine goldene Eigenschaft, sie bedeutet ein absolutes und tiefes Zueinanderhalten, auch wenn es mal schwierig wird, der andere Fehler macht oder eine Meinung vertritt, die nicht dem Mainstream entspricht – dabei spricht man von Treue und vor allem Solidarität. Damit bist du nicht nur denjenigen Menschen gegenüber treu und loyal, die du dafür als würdig erachtest, sondern auch dir gegenüber.

Dazu gehört, dass du nicht zulässt, dass in deinem Beisein schlecht oder herabwürdigend von den Menschen aus deinem Umfeld gesprochen wird, denn das empfindest du sofort nicht nur regelrecht als Schmerz, sondern auch als Angriff auf dich selbst. Ich selbst lebe diese Loyalität, diese Treue und Solidarität beispielsweise seit über 20 Jahren mit meiner besten Freundin Tina. Dadurch hat unsere Freundschaft eine Ebene erreicht, die kaum jemand erreicht, und ein Vertrauen und Zueinanderstehen, die ihresgleichen suchen. Das schafft eine ganz andere Sicherheit als die, die wir oft äußeren Dingen zuschreiben, wie einem vermeintlich sicheren Arbeitsplatz. Das schafft Glück, Freude und vor allem Dankbarkeit. Es ist ein echtes Upgrade für Tinas und für mein Leben.

KAPITEL 4

Das Upgrade deines Lebens

*»Ein Umfeld, das aus Menschen besteht,
die einen respektieren und wertschätzen,
dazu die Möglichkeit, nur das zu tun,
was einem am Herzen liegt und die Freiheit,
das Leben genau so zu leben, wie man es leben will –
das ist für mich die schönste Definition
von Erfolg. «*

Viola Möbius

Unser gemeinsames Geheimnis

Sicher willst du nun gleich loslegen oder hast – angespornt von den vielen kleinen und großen Ideen, Tipps und Methoden – parallel zum Lesen des Buchs einiges oder vieles bereits umgesetzt. Was immer du bislang getan hast, ich möchte dir noch einen dringenden Tipp geben.

Gehe nicht hausieren

Bitte renne nun nicht los und binde jedem dein Vorhaben, dass du ein Detox von bestimmten Menschen durchführen möchtest und ein ideales Umfeld erschaffen willst, auf die Nase. Dann fällst du nämlich auf dieselbe – nein, nicht weil du etwas falsch gemacht hast, sondern weil dein Umfeld ein Problem hat. Die Quote tendiert gen null, dass jemand diese Nachricht begeistert aufnimmt. Menschen lieben in der Regel keine Hiobsbotschaften oder Ankündigungen für Veränderungen, deren Ausmaß sie nicht einschätzen können, von denen sie aber betroffen sein könnten. Ein paar wenige würden vielleicht Verständnis zeigen, andere wiederum würden dir abraten, und der Rest würde dir Angst machen, Zweifel säen und bohrende Fragen stellen. Ich weiß nicht, ob du bereits so standfest bist, gut darauf zu reagieren. Im schlimmsten Fall kommen ein paar Gleichgesinnte zu einer Gruppe zusammen und setzen dich unter Druck. Nichts, aber auch gar nichts ist hilfreich davon! Also lass es lieber sein!

Unabhängig davon, ob du dein Vorhaben mitteilst oder nicht, so oder so wirst nicht nur du dich in dem Prozess von Menschen trennen, nein, es werden sich auch Menschen von dir trennen. Weil du einen neuen Weg gehst und dich auf diesem Weg veränderst und weil die dann eben nicht mehr zu dir passen und auch du manchen nicht mehr passt. Diese Trennungen mögen vielleicht auch mal sehr schmerzhaft sein, aber auch darin liegt eine wertvolle Erfahrung für deine Entwicklung. Und bedenke: Niemand muss deinen »revolutionären« Weg gehen und niemand muss ihn verstehen, denn es ist nur dein Weg. Die anderen stehen an ihrem Platz und du an deinem. Darauf zu hoffen, dass du dein Vorhaben anderen nur haargenau zu erklären brauchst und dann das gleiche Verständnis, die gleichen Emotionen und die gleiche Motivation erwarten kannst, die du dafür hast, ist aussichtslos – denn niemand hat deinen Kopf, deine Gedanken, deine Gefühle, deine Wahrnehmung. Geh deinen Weg, räume auf, befreie dich und wachse im Weitergehen! Lerne auf dem Weg neue, wertvolle Menschen kennen und achten, Menschen, die deinen weiteren Weg bereichern. Gehe deinen Weg straight und fokussiert.

#ViolasQuicktipp: Betrachte mich einfach als ersten der Menschen aus deinem neuen, idealen Umfeld. Wenn du mit jemandem reden willst, dann rede über dein Vorhaben mit mir – ich stecke in dem Buch, und das hat jede Menge gute Energie! Stell das Buch einfach vor dich hin und stell dir vor, ich sitze vor dir, und dann rede mit mir – also wirklich reden, laut sprechen, nicht nur gedanklich. Klingt albern? Nö. Ich rede oft mit Dingen in meiner Wohnung und draußen. Und zudem ist es ein wirksames Tool aus der Psychologie. So viele Menschen, denen ich bereits diesen Tipp des Lautaussprechens, des Mit-sich-selbst-Redens statt nur Denkens und des Mit-sich-selbst-Besprechens gegeben habe, sind bereits nach kurzer Zeit von dem Effekt begeistert!

Zurück zu unserer Unterhaltung: Ja, mir kannst du hier alles erzählen: deine Fragen, Ängste, Kurioses und Peinliches – lass es raus! Das ist nämlich auch ein Effekt des Lautaussprechens: Manches muss auch einfach mal raus! Kein Runterschlucken, kein Schweigen, kein Hinnehmen mehr! Raus damit! Das tut gut! Und was einmal ausgesprochen ist, macht dich nicht angreifbarer, sondern freier! Offenheit, vor allem dir selbst gegenüber, befreit. Und das mit mir und dem Buch zu üben, wäre ein Anfang – es ist nämlich alles eine Frage des Trainings. Was du erzählst, bleibt definitiv unser Geheimnis. Ich stehe auf jeden Fall auf deiner Seite, ich kritisiere und bewerte dich nicht. Es gibt nur eine Bedingung: Du redest nicht schlecht über dich selbst und benutzt keine schlechten Worte in Bezug auf deine Person. Das ist *verboten*! (Das einzige Verbot, das du jemals akzeptieren solltest.)

Denn ich will nur eins: dass es dir richtig gut geht. Dass du wunderbare Menschen um dich herum hast und ein glückliches Leben führst. Und ich glaube an dich – egal, an welcher Stelle du stehst, denn du hast dieses Buch gekauft, weil du etwas ändern willst. Und weil du es verdient hast!

Das Chaos, das keins ist

Vielleicht geht es dir auch so: Wenn ich zu viele neue Tipps, Möglichkeiten, Chancen und Wege aufgezeigt bekomme, herrscht erst einmal Chaos in meinem Kopf! Und Aufregung! Das ist genau der Zustand, den ich dir jetzt auch mit meinem Buch wünsche. Denn Chaos bedeutet, dass erst einmal alles durcheinander ist, alles neu aufgemischt wird, alles Festgepappte losgerissen wird und vermeintlich Sicheres nicht mehr gilt. Und Aufregung bedeutet, dass du jetzt in Ekstase bist, Leben spürst, Tatendrang und – Mut! Es braucht immer erst einmal Chaos, damit Neues entsteht, damit sich neue Synapsen bilden. Bei festgefahrener »Ordnung« bleibt alles, wie es ist. Und es braucht Aufregung für den Startschuss! Auch wenn das alles vielleicht noch etwas unkontrolliert und ungeformt ist, sollte es dir aber keine Angst machen, denn dieses Chaos, diese Verwirrung, gepaart mit Aufregung, gehört mit zum Wunderbarsten, was es gibt. Diese Kombination ist der richtige Cocktail, um loszugehen!

#ViolasQuicktipp: Ich habe viele große Veränderungen und viel von diesem Chaos und dieser Aufregung in meinem Leben gehabt. Beides hat mich an diesen wunderbaren Platz gebracht, an dem ich heute stehe, und mit diesen großartigen, liebenswerten und wertvollen Menschen zusammengeführt, die heute ein so wundervoller und kostbarer Teil meines Lebens sind. Ich sage dir: Die Mühe lohnt sich!

Eine seltsame Angst

Du hast in diesem Buch einiges über Angst erfahren, auch, dass sie die Hauptemotion im Leben der Menschen ist. Sie hat aber viele Gesichter. Im Laufe der Jahre bin ich in meinem Business einige Kooperationen und Partnerschaften eingegangen. Andere aber sind gar nicht erst zustande gekommen, obwohl alles ganz super begann: Die ersten Projekte klappten hervorragend. Da ich ein Mensch bin, der schnell größer denkt, habe ich größere Projekte und den nächsten Schritt vorgeschlagen, der beiden Parteien einen ordentlichen Ruck nach vorn hätte geben können. Erstaunlich – und keine Seltenheit –, dass viele dann eingeknickt sind und das nächsthöhere Level abgelehnt haben. Sogar Menschen, die ich in den unterschiedlichsten Situationen getroffen habe, die kurz davorstanden, einen großen Schritt für ihre Persönlichkeitsentwicklung zu machen, das heißt, wofür sie einst angetreten waren, sollte sich also realisieren – selbst bei ihnen konnte ich das gleiche Phänomen immer wieder feststellen: Sie tun ... nichts. Was dahintersteckt: Angst. Nicht Angst, ein Risiko einzugehen, etwas falsch zu machen oder gar zu versagen. Nein, es ist die Angst vor großem Erfolg, vor dem Licht, vor dem wirklichen Strahlen des Lebens. Angst davor, wirklich stark sein zu können und sich selbst zu überholen und zu erstaunen. Und Angst, größer zu sein, als sie glauben, es sein zu dürfen. Es ist also nicht der vielbesprochene Satz: »Was ist, wenn ich falle?«, der so vielen Menschen Angst macht, sie blockiert und von dem wahren Upgrade ihres Lebens abhält, sondern es ist die Möglichkeit, dass der Satz: »Was ist, wenn ich fliege?« wahr werden könnte!

#ViolasQuicktipp: Das Einzige, was zwischen dir und einem idealen Umfeld und zwischen dir und einem wunderbaren, glücklichen Leben steht, ist deine Angst! Und dass du zu oft die sichere Seite wählst statt die freie Seite – du ahnst manchmal gar nicht, wie hoch der Preis ist, den du dafür bezahlst! Und ich kann dir aus meiner Erfahrung sagen, dass du zwar alles Neue, jede Veränderung und jedes Upgrade auch mit etwas Angst bezahlen musst, aber dass es ein unglaubliches und befreiendes Gefühl ist, genau das zu tun, wovor du dich insgeheim fürchtest! Denn damit erreichst du das zu Recht gelobte und erstrebenswerte Empowerment: jene Handlungsweisen, die deinen Grad an Autonomie und Selbstbefähigung erhöhen, die deine Eigenmacht stärken, die dich in die Lage versetzen, deine Interessen selbstbestimmt und eigenmächtig wahrzunehemn.

Keine Auszeichnung fürs Nichtstun

Wenn ich dir eine Tatsache verraten kann, dann ist es diese: Du wirst am Ende deines Lebens mit Sicherheit *keine* Medaille und auch keinen Bescheidenheitspreis verliehen bekommen, du wirst auch keinen Gutschein zum Einlösen im nächsten Leben erhalten, nur weil du all die Möglichkeiten, Chancen, Gelegenheiten nicht genutzt, all die wunderbaren, ausgefallenen und lebenswerten Dinge *nicht* getan hast und weil du zu falschen Dingen Ja und zu den richtigen zu oft Nein gesagt hast. Es gibt keine Anerkennung oder Danksagung, nur weil du verzichtet oder dich ständig zurückgenommen, weil du dich in seltsamer Bescheidenheit geübt, dich hinten angestellt oder zu oft gehadert hast, weil du dich mit Schlechterem zufriedengegeben hast, als möglich gewesen wäre, oder weil du dir aufgrund deines schlechten Gewissens oder anderer Ausreden unter acht Milliarden Menschen diejenigen ausgesucht hast, die nicht Inspiration, sondern Zwangsjacke sind.

Nein, kein Preis, keine Danksagung, kein Gutschein, keine Belohnung, kein goldener Wagen zur Himmelspforte. Mit viel größerer Wahrscheinlichkeit gibt es einen Arschtritt vom Leben, dass du all das, was es dir großzügig zur Verfügung gestellt hat, nicht genutzt, absichtlich übersehen und ignoriert hast! Also steh auf und greif mit beiden Händen zu bei dem, was dir das Leben an wunderbaren Menschen und Gelegenheiten bietet.

#ViolasQuicktipp: Dieser vermeintliche Verzicht, die vermeintliche Vernunft und Bescheidenheit sind in Wahrheit oft der Gegenspieler von wahrem Glück und Erfüllung. Und sie dienen allzu häufig und allzu gern als bequeme Ausrede, wenn es nötig wäre, dich oder die Dinge – wie dein Umfeld – zu verändern.

Visualisiere die Veränderung

So wie du weiter oben über den Erfolg von Gesetzmäßigkeiten lesen und lernen konntest, so möchte ich dir auch in diesem Kapitel etwas aufzeigen, das sich bereits tausendfach bewährt hat.

Die Sache mit dem Erfolg

Es gibt Studien, die belegen, welche Eigenschaften erfolgreiche Menschen auszeichnen, und einige wenige davon waren bei fast allen sehr erfolgreichen Menschen vorhanden. Dazu gehört die folgende: Sie haben eine Vision. Erfolgreiche, große und bedeutende Menschen haben eine Vision. Erfolglose nicht.

Irrtümlicherweise wird Erfolghaben oft nur mit dem Job, dem Business in Zusammenhang gebracht. Erfolghaben bedeutet aber, dass dir etwas gelingt, dass du einen Fortschritt machst, einen Effekt, ein Ergebnis oder einen Gewinn erreichst, aber auch, dass du eine Wirkung erzielst und Anerkennung bekommst. Und das hat nicht nur etwas mit dem Job zu tun, sondern ist erstrebenswert in allen Lebensbereichen.

Entwickle eine Vision

Wenn du ein ideales Umfeld haben möchtest, dann bestimme die Veränderungen, die du in deinem Leben sehen möchtest. Stell dir dafür einfach Bilder vor, ja, entwickle eine positive Vision, *wen* du gerne in deiner Welt haben willst und *was* du gerne in deiner Welt verwirklicht sehen möchtest. Lerne, mehrere Jahre voraus in die Zukunft zu denken und eine genaue Vorstellung davon zu entwickeln, wie du, dein Leben und die Menschen darin aussehen sollen. Stell dir einfach die Frage: Was, wenn alles möglich wäre? Begrenze dich nicht (wieder), sondern male in bunten Farben und ohne Grenzen – lass deinem Denken freien Lauf, wie du dir dein Leben vorstellst. Denn in Wahrheit ist alles möglich. Das zeigen uns die Lebenswege vieler Menschen, die oftmals nicht mit den besten Bedingungen gestartet sind oder eben nicht privilegiert waren.

Das ist nicht ganz einfach und mag dir zunächst noch wie eine sinnlose Träumerei erscheinen, aber je mehr du dich damit befasst, umso mehr wird es für dich normal und real und dann wird es plötzlich vorstellbar. Und was vorstellbar wird, ist realisierbar. Dass alles möglich ist, soll dir meine ganz persönliche Geschichte aufzeigen:

Mrs Fletcher wird real

Meine Vision hat mit der TV-Serie »Mord ist ihr Hobby« begonnen: mit der Hauptdarstellerin Jessica B. Fletcher (gespielt von der großartigen Angela Lansbury) als herumreisender Autorin, die immer ein Manuskript in der Schreibmaschine und ein Abenteuer irgendwo auf der Welt als täglich Brot hat. So wollte ich leben! Nur gab es zwei Probleme: Zum einen hatte ich noch kein einziges Buch geschrieben, zum anderen lebte ich damals in der DDR; von dort aus die Welt zu bereisen war vollkommen ausgeschlossen. Aber nichts bleibt, wie es ist.

Dennoch war auch einige Jahre später, als ich bereits in Hamburg lebte und nebenbei Ideenskripts für Drehbücher schrieb, noch nicht daran zu denken. Aber ich hatte eine Vision, ja, ich sah mich bereits irgendwo an einem Strand oder Pool dieser Welt mit einem Manuskript im Computer sitzen und Hände von begeisterten Lesern schütteln, denen ich mein Buch signiert hatte. Und nach und nach beschäftigte ich mich mit den Schritten, die zur Realisierung meines Traums führen würden. 2005 erschien dann mein erster Krimi: »Die Rache ist mein«. Damit war zwar endlich das erste Buch da, aber die weltweiten Abenteuer fehlten noch. Ich legte also meinen Fokus darauf (die roten Autos).

Als mir plötzlich eine Freundin davon erzählte, dass sie als Künstlerin auf den AIDA-Kreuzfahrten gebucht war und mir zum Beweis jede Menge umwerfender Fotos von den schönsten Plätzen des östlichen Mittelmeeres schickte, fiel bei mir mit einem lauten Getöse der Groschen. Keine sechs Monate später stand meine erste Kreuzfahrtreise an, auf der ich Vorträge und Seminare gegeben habe; und bei späteren Reisen sammelte ich sogar in meiner Krimi-Manufaktur mit den Passagieren Ideen, um noch auf der gleichen Reise einen Kurzkrimi zu schreiben.

Auf einer dieser Reisen fragte mich eine Workshop-Teilnehmerin nach Buchtipps; als ich ihr meine Favoriten empfehlen wollte, lehnte sie ab. Sie meinte Bücher von mir, in denen sie nachlesen konnte, was ich bei den Vorträgen und Seminaren gesagt habe. So erschien 2015 meine 40-Seiten-Ratgeberserie »Meine Erfolgstipps«. Plötzlich war die Vision zur Realität geworden – und ist sogar noch über sich selbst hinausgewachsen: Denn heute können Selbstständige von ihrem Herzensthema ihren eigenen 40-Seiten-Ratgeber in meinem Seminar erstellen. Ich bin ihre J. B. Fletcher!

Heute, nach über 10 Jahren, in denen ich noch immer mehrmals im Jahr auf den Kreuzfahrtschiffen bin, nach über 100 000 Seemeilen und mehr als 60 bereisten Ländern und nach 17 Büchern ist diese Vision in meinem Leben wahr geworden. Erst recht, weil mich nun auch die Menschen wie bei J. B. Fletcher fragen: »Du bist doch die Autorin, oder?«

Ich habe also Bilder in meinem Kopf erschaffen und draußen nach Übereinstimmungen gesucht – mein Gehirn hat sich auf das konzentriert, womit es gefüttert wurde. Das Wichtigste ist, dass ich das, was ich gesehen habe – selbst die kleinsten Hinweise – sofort genutzt und umgesetzt habe.

Genauso erging es mir, als ich Single und bereit war, den Mann meines Lebens zu finden. Ich entwickelte eine Vision, eine ganz genaue Vorstellung davon, wie er sein sollte. Ich sah seine Charaktereigenschaften, kannte seine Werte und seine Lebensart, ja, ich hörte ihn selbst schon Sätze sprechen und hatte auch eine optische Vorstellung von ihm. Und ich vergaß in diesem Gefüge auch mich nicht, wie ich sein wollte und musste, um so einen Menschen anzuziehen und Teil einer idealen Partnerschaft zu sein. Ich sah das Leben, das ich mit so einem Mann führen wollte, ich stellte mir konkrete Situationen vor. Und es ist schon ein bisschen spooky, wie sehr mein Mann Marco, den ich nicht einmal vier Monate später traf, damit harmoniert.

»Das kann ich nicht«

Dieser Satz ist eine sehr beliebte Ausrede, die ich immer wieder höre. Beispielsweise ist eine Vision zu entwickeln eine Fähigkeit. Genau wie Fleiß oder Höflichkeit. Und dein unfassbar geniales Gehirn ist in der Lage, jede Eigenschaft und jede Fähigkeit zu erlernen, die du ihm aufträgst und um die du dich mit Intensität kümmerst. Alles, was du nicht kannst, ist also nicht deinem Können oder Nichtkönnen zuzuschreiben, sondern dem Umstand, dass du dich nicht genug darum gekümmert hast. Wer dreimal in der Woche Geigenunterricht nimmt, wird nach einer gewissen Zeit Geige spielen können, wer zweimal pro Woche einen Italienischkurs besucht, kann bald italienisch sprechen, wer intensiv Höflichkeit trainiert, wird ein höflicher Mensch.

#ViolasQuicktipp: Erfolg, in welchem Bereich auch immer, war schon immer eine Sache des Fleißes und nicht des Talents.

Der Königsweg

Es gibt eine ganz schlichte Wahrheit: Wiederholung ist die Mutter allen Lernens.

Noch mal, noch mal und noch mal

Bei fast allen meinen Vorträgen, Seminaren und in beinahe allen Büchern habe ich immer wieder die Frage gestellt: »Wie oft trainieren Eiskunstläufer?« Die Antwort lautet in der Regel: »Täglich.« Deshalb können sie es, selbst wenn jemand sie nachts wecken und aufs Eis stellen würde – sie können es aus dem Effeff. Sie haben trainiert, bis es ihnen einfach in Fleisch und Blut übergegangen ist. Daher lautet mein sehr ernst gemeinter Tipp für die Umsetzung im Alltag: Lies dieses Buch gleich noch einmal! Und dann für die nächsten sechs Monate jeden Monat ein Mal. Dein konditioniertes Denken wird jetzt schreien: »Waaas?! Das habe ich doch gerade erst gelesen!« Stimmt! Doch du wirst vieles davon auch schon wieder vergessen haben, denn unser Gehirn hat bereits nach vier Minuten 80 Prozent wieder vergessen. Da hilft nur: Wiederholung.

Zu Beginn des Buchs habe ich dir gesagt, dass von einem Mal Durchlesen noch (fast) gar nichts passiert. Sicher hast du Hoffnung geschöpft, vermutlich auch Mut und gute Vorsätze gefasst und zwei, drei, vier Tipps behalten, vielleicht sogar schon etwas zu ändern begonnen, aber all das wirklich zu verstehen, anzuwenden, dir zu eigen zu machen und danach zu leben, ist ein Prozess – und erst Wiederholung bringt Vertiefung. Genau darum geht es: dass dir die Denk- und Handlungsweisen automatisch zur Verfügung stehen, weil du sie in dein Unterbewusstsein gebracht hast.

#ViolasQuicktipp: Je mehr und je intensiver du dich mit diesem Buch befasst und ins Handeln kommst, desto schneller wirst du automatisch alles anwenden und desto mehr werden dir die Veränderungen in deinem Umfeld und damit auch in deinem Leben auffallen. Entscheidend dafür sind nicht die Dauer, sondern Häufigkeit und Langfristigkeit, mit der du dich mit den dafür notwendigen Denk- und Handlungsweisen beschäftigst.

Gleichzeitig lässt sich das als Affirmation nutzen zur Selbstmotivation oder wenn auf dem Weg zu deinem idealen Umfeld und all den kleinen Verbesserungen mal etwas nicht klappen will. Dann sagst du einfach (aussprechen, nicht nur denken): »Ich bin dabei und bemühe mich, ständig weiterzuwachsen und zu lernen.«

Rein ins kalte Wasser – mit Schwung oder mit Bedacht?

Wir alle funktionieren unterschiedlich: Manche Menschen stehen am Meeresufer, gehen dann Schritt für Schritt ins Wasser hinein und gewöhnen sich langsam an das erfrischende Nass. Manche nehmen Anlauf und rennen einfach los und lassen sich ins Wasser fallen. Und meist sehen die sogar aus, als ob sie mehr Spaß hätten als die Zögerlichen.

Ein Donnerwetter

So ist das auch mit den Veränderungen, mit Neuem im Leben. Manchmal kann es durchaus hilfreich sein, als »Kranich« einfach mal einen Hammer in den See zu werfen, ja, mit einem Donnerschlag ein kleines Erdbeben im Leben auszulösen – das kann wahnsinnig befreiend sein! Und es ist wie ein Faustschlag auf den Tisch, der entweder bedeutet:

Wow! Das will ich sofort haben! Oder: Bis hierhin und nicht weiter! Solche Aktionen, die ich selbst oft unternommen habe, besitzen eine große Energie und üben nicht nur auf dich, sondern auch auf andere eine starke Wirkung aus. Nach dem Motto: Ab jetzt mache ich es anders! Das kann auch in Bezug auf dein Umfeld so sein: Du befreist dich sofort von negativen Menschen und allen, die dir nicht guttun oder die nicht in dein ideales Umfeld passen. Nach dem Motto: Lieber ein Ende mit Schrecken als ein Schrecken ohne Ende. Oder: Ein schneller Schlussstrich unter das Alte für mehr Optionen! Manche Studien haben in der Tat hervorgebracht, dass es paradoxerweise für Menschen einfacher sein kann, wenn sie viele Dinge abrupt und auf einen Schlag verändern. So wie die oben genannten Schwimmer, die mit Anlauf sofort ins Wasser springen.

Langsam und stetig

Aber auch jene Schwimmer, die sich langsam, Schritt für Schritt ins Wasser vortasten, werden letztendlich schwimmen. Sie wählen einfach nur eine andere Methode, nach dem Motto: Steter Tropfen höhlt den Stein. Hast du schon mal einen Baum mit der Axt gefällt? Beim ersten Schlag kratzt du vielleicht gerade mal die Rinde an, auch beim zweiten Schlag wird noch nicht viel zu sehen sein. Aber nach und nach, Schlag für Schlag, kommst du deinem Ziel näher. Noch mal, noch mal und noch mal, bis der finale Schlag kommt und der Baum fällt. Diese Methode dauert zwar etwas, ist aber genauso erfolgreich.

Oder nimm ein Flugzeug, das gerade gestartet ist und sofort eine Kurve fliegt, um die Richtung zu ändern. Ebenso kann dieses Flugzeug aber seinen Kurs nur um einen Grad verändern – die Passagiere würden es nicht bemerken und am Ende der Reise dennoch ganz woanders auf der Welt landen.

Was ich damit sagen möchte: Auch kleine Dinge bringen etwas. Natürlich nicht nur *eine* kleine Unternehmung oder Veränderung, sondern eine kontinuierliche Abfolge von vielen. Denn einen Schritt mehr am Tag, eine Aufgabe mehr, ein Lächeln mehr, eine Aktivität mehr schafft jeder – die Zeit dafür ist definitiv da. Und auch dieser langsame Kurs wird dich am Ende an einem ganz anderen Punkt ankommen lassen. Entscheidend ist, die Kontinuität und die straighte Richtung beizubehalten, um wirklich am Ziel anzukommen.

#ViolasQuicktipp: Du musst selbst herausfinden, welche Strategie am besten für dich ist. Selbst wenn die eine Methode nicht funktioniert, ist das kein Zeichen, dass du aufgeben sollst oder es nicht schaffst, sondern es gibt noch die andere Methode.

Deine hilfreichen Unterstützer

Kaum zu glauben, aber wahr: Unglücklich sein macht die gleiche Arbeit wie glücklich sein. Ebenso macht ein schlechtes Umfeld genauso viel Arbeit, wie sich ein ideales zu erschaffen. Deshalb nimm gleich die bessere Variante. Im Folgenden nenne ich dir einige hilfreiche Unterstützer.

Probleme & Schwierigkeiten – ein Geschenk

Anfängliche Schwierigkeiten gehören in der Regel bei jeder neuen Methode oder Veränderung dazu, sie sind kein vermeintlicher Hinweis, dass etwas nicht zu dir passt oder nicht zu schaffen ist. Merke dir für diese Momente, dass es erst schwierig wird, bevor es gut wird, auch weil du deine Bequemzone verlässt. Wenn du von vornherein akzeptierst und als gegeben hinnimmst, dass es bei Veränderungen und neuen Wegen Schwierigkeiten, Hindernisse und auch mal Rückschläge geben wird, empfindest du auftretende Herausforderungen als normal und Teil des Prozesses. Ja, du bist geistig vorbereitet und kannst innerlich sagen: Ja, ja, mit dir habe ich schon gerechnet! Doch sehr viele Menschen bleiben dann auf dem Problem hängen und nicht auf ihrem Weg – tappe nicht in diese Falle!

Noch besser ist, wenn du eine ganz andere Art des Denkens über Probleme, Schwierigkeiten und Herausforderungen entwickelst – ob bei deinem Umfeld oder im ganz normalen Alltag. Entwickle einfach den unerschütterlichen Glauben, dass jedes Problem, jede Schwierigkeit dich weiterbringt. Wie das? Norman Vincent Peale hat dazu einmal gesagt: »Wenn Gott dir ein Geschenk machen will, verpackt er es in ein Problem.« Und je größer das Problem ist, desto größer ist das Geschenk darin. Aber die meisten Menschen sind sehr stark mit ihrem Problem beschäftigt und steigern sich oft viel zu sehr hinein, statt mal zu schauen, was das darin enthaltene Geschenk sein könnte – ja, sie verbinden Probleme und Schwierigkeiten nicht mit dem Gedanken an ein Geschenk! Entwickle die Gewissheit, dass jedes Problem, das dir geschickt wird, genau im richtigen Moment geschickt wurde, damit du etwas lernst, etwas, das du in Zukunft brauchst, um besser und glücklicher zu leben.

#ViolasQuicktipp: Wenn du eine andere Sicht und eine ganz neue Methode in Bezug auf Problemlösung kennenlernen willst, empfehle ich dir mein Buch *Problem-Detox*.

Prinzipien & eigene Regeln

Die meisten Menschen akzeptieren und leben nach vielen Regeln und Vorgaben, die ihnen von der Gesellschaft oder von Einzelpersonen vorgegeben oder gar aufoktroyiert werden. Aber selten haben sie eigene Regeln und Prinzipien aufgestellt, nach denen sie leben, haben nicht entschieden, was für sie infrage kommt und was nicht und vor allem, wie andere Menschen mit ihnen umgehen sollen. Ja, stelle Stoppschilder für die anderen und für dich auf, bis wohin Menschen im Umgang mit dir gehen dürfen; das heißt, lege für dich und andere fest, welche Verhaltensweisen du dir gegenüber akzeptierst und wo du eine klare Grenze setzt.

Wichtig ist, das auch hin und wieder zu kommunizieren, vor allem in Situationen, die es erfordern. Denn woher sollen Menschen wissen, wie sie mit dir umgehen sollen, wenn du es ihnen nicht klar aufzeigst? Dabei brauchst du die Menschen um dich herum nicht zu maßregeln oder ihnen Vorwürfe zu machen, die können sich schließlich verhalten, wie sie wollen. Du musst klarmachen, dass dieses Verhalten für *dich* nicht infrage kommt, also sprich nicht von *ihnen*, sondern von *dir* und deinen Ansprüchen! Beispielsweise in der Art: »Ich möchte nicht, dass jemand so mit mir spricht. Ich kann dir zwar nicht vorschreiben, was du sagen musst, aber ich kann mir aussuchen, wer mit mir spricht.«

Vielleicht magst du jetzt noch denken: »Boah! Das würde ich mich nicht trauen!« Das habe ich früher auch nicht, aber

- je mehr du Selbstliebe und Selbstwert entwickelst,
- je eher du dein Growth Mindset aufstellst,
- je mehr du nach den von mir aufgeführten Gesetzmäßigkeiten lebst,
- je mehr du für dich geklärt und festgelegt hast, mit wem du wie leben möchtest,
- je mehr du all das in dein Gehirn gebracht hast und vor allem,
- je mehr du weißt, welche Menschen du in deinem Umfeld haben möchtest,
- und je mehr du dein Warum kennst,

umso einfacher wird es nicht nur gehen, sondern umso selbstverständlicher wird es, deine Regeln nach außen zu kommunizieren und vor allem wirklich danach zu leben. Regeln brauchen einen Rahmen und den musst du stecken!

#ViolasQuicktipp: Vergiss nie: Es ist dein Leben, also sind es deine Regeln! Aber vergiss auch nicht, dass du für andere keine Regeln aufstellen oder fordern solltest, die du selbst nie akzeptieren würdest. Viele Menschen möchten nicht anecken, möchten in Harmonie leben, keinen Streit verursachen, möchten – ob bewusst oder unbewusst – gefallen und gemocht werden. Deshalb stellen sie keine Regeln und Prinzipien auf. Leider werden sie dann oft ausgenutzt, weil jeder denkt, dass man mit ihnen alles machen kann.

Was fehlt, ist nicht der Mut

Ich höre nur allzu oft den Satz: »Dafür fehlt mir der Mut!« Doch in Wahrheit fehlt meist nicht der Mut, sondern das Warum, das Wie und das Was. Wenn du nicht weißt, *warum* du etwas machen sollst, und es zudem nicht dein eigenes Warum ist, wirst du nicht aufstehen und wirst nichts unternehmen, erst recht nicht couragiert und mit einem Löwenherzen. Auch wenn du nicht weißt, *wie* du vorgehen sollst und *was* du im Einzelnen unternehmen sollst, wirst du nicht beherzt vorgehen. Was fehlt, ist nicht der Mut an sich, sondern nicht zu wissen, wie und wohin. Das macht mutlos. »Kein Plan« macht mutlos! Fehlende Anleitung macht mutlos! Warten macht richtig mutlos und lässt verzagen. Grübeln macht mutlos! Ständig andere zu fragen, die sich selbst nichts trauen und sich selbst nichts zutrauen, macht mutlos. Tappe nicht in diese Fallen!

Mut entsteht durch Perspektive, durch eine konkrete Ahnung, wohin es gehen kann. Aber damit du weißt, in welche Richtung du schauen sollst, brauchst du ein Ziel, einen Kompass, einen Wegweiser. Und genau den holen sich die meisten Menschen nicht. Mit »Ich weiß ja nicht, wie das gehen soll« oder »Ja, müsste ich dringend machen« werden ja nicht nur die anderen beruhigt, sondern es wird in Wahrheit die eigene Faulheit mit vermeintlichem Unvermögen und der Opferhaltung gerechtfertigt, denn alles Wissen ist da und verfügbar in der Welt und dein Gehirn kann alles lernen. Also liegt es *nur* an dir.

Mutig mit Plan

Damit du nicht planlos und dadurch mutlos bist, bekommst du mit diesem Buch auch einen ausführlichen, abwechslungsreichen Denk- und Handlungsplan, ein genaues Ziel, eine sichere Schritt-für-Schritt-Anleitung und einen Kompass, der exakt eingestellt ist. Du brauchst nur noch an diesem sicheren Pfad entlangzulaufen. Und wenn dich die Faulheit packt, dann frag dich einfach, ob dein Leben wirklich nicht mehr als deine Ausreden verdient hat, und frag dich auch, wie dein Umfeld aussieht und wer du durch dieses werden wirst, wenn du noch fünf Jahre so weitermachst. Und wenn dich der Mut verlässt, nimmst du dieses Buch zur Hand, denn Mut entsteht durch Aktivität! Und durch fürsprechende Begleiter – einer davon bin ich! Dein Mut ist ein Muskel, der sich trainieren lässt! Und Mut lässt sich auch nur mit Mut trainieren! Also, steh auf und unternimm etwas! Und du wirst feststellen, dass es nicht umsonst heißt: Mut steht am Anfang des Handelns – Glück am Ende!

Glaube mir: Mut macht Spaß! Mut kann den Erfolg schon riechen! Auch wenn du manchmal zwei oder drei Anläufe dafür brauchen wirst – das ist ganz normal, die Mutigen unternehmen, wenn es die Situation erfordert, sogar noch mehr Versuche. Nur Missmutige geben auf, bevor sie es auch nur ein Mal versucht haben.

#ViolasQuicktipp: Das meiste in meinem Leben habe ich erreicht, nicht weil ich schlau oder vielleicht ganz attraktiv war, nein, das meiste habe ich durch Mut erreicht. Der war nicht immer allein, oft war auch Angst mit dabei, aber mein Mut war immer ein Stück größer. Das reicht: Wenn du nur etwas mehr Mut hast als Angst.

Beharrlichkeit & Entschlossenheit

Gib niemals auf! Eines fehlt den meisten Menschen für das, was sie für ihr Leben wollen, ob sie nun gesünder leben oder schlanker sein wollen oder gute Beziehungen zu anderen unterhalten möchten: Es fehlt die Beharrlichkeit.

Wenn du etwas Neues erreichen willst, solltest du vor allem Ausdauer entwickeln, beständig und entschlossen sein. Beharrlichkeit ist der wahre Prüfstein für deine Überzeugungen, deinen Glauben an dich selbst und das Erreichen eines idealen Umfelds. Glauben und Beharrlichkeit stehen in Wechselwirkung miteinander: Denn je beharrlicher du bist, desto mehr glaubst du an dich. Und umso mehr du an dich glaubst, desto beharrlicher wirst du sein – trotz mancher Rückschläge, die zwangsläufig auftreten werden. Und jedes Mal, wenn du dich ermahnst und dazu ermunterst, durchzuhalten und weiterzumachen, appellierst du nicht nur an deine Beharrlichkeit und stärkst sie damit, nein, auch deine Selbstachtung wächst, jener Kernfaktor, der dich in allen Lebensbereichen erfolgreicher sein lässt – in allererster Linie hinsichtlich eines idealen Umfelds.

Im Alltag

Der Alltag nimmt den größten Platz in unserem Leben ein. Deshalb sind zwei Dinge ganz entscheidend: nämlich, dass du deine Aktivitäten, deine Denk- und Handlungsweisen für das Detox deines Umfelds einerseits und zum Erstellen eines idealen Umfelds andererseits – und damit verbunden auch zum Upgrade deines Lebens – in das tägliche Leben bringst. Ja, irgendwann sollte all das dein Alltag *sein*, deine Lebensweise.

Es ist kurios und traurig zugleich, dass viele ihren Alltag nicht mögen, was bedeutet, dass sie den größten Teil ihres Lebens nicht mögen. Viele sitzen im Wartezimmer fürs Wochenende. Die Tage »dazwischen«

wollen sie irgendwie rumkriegen. Das klingt nicht nur traurig, das ist traurig – zu hoffen, dass Stunden und Tage unseres einzigen Lebens rumgehen mögen. Das liegt häufig daran, dass viele sich im Alltag fremdgesteuert vorkommen, Dinge machen müssen, die sie nicht wollen, und nicht richtig glücklich und zufrieden sind. Da ist zum einen der Job, den sich übrigens jeder selbst aussucht, wobei er sich mehr oder vielleicht auch leider weniger um das bemüht, was ihn erfüllt, bereichert und eine sinnvolle Aufgabe für ihn darstellt. Geht man davon aus, dass man acht bis zehn Stunden auf den Job verwendet und etwa sechs bis sieben Stunden mit Schlaf verbringt, hat man immer noch sieben bis zehn Stunden, die zur eigenen Verfügung stehen. In dieser Zeit folgen aber viele den Erwartungen von anderen oder verbringen die Stunden mit Gruppenaktivitäten, die gar nicht den eigenen Plänen und Neigungen entsprechen.

Erstaunlich ist es auch, bei wie vielen Menschen der Fernseher einen zentralen Platz einnimmt – ob im Wohnzimmer oder im täglichen Geschehen. Aber auch da nimmt sehr oft Gruppenzwang oder der Partner einen starken Einfluss, zum Beispiel durch Sätze wie: »Lass uns doch einen Film gucken!« oder »Wir sitzen hier schon alle!« oder »Heute Abend kommt ...« – ein ideales Umfeld, ein idealer Partner sollte mehr zu bieten haben als ein allabendliches Fernsehritual, bei dem nicht nur der Mehrwert, sondern auch die Wirkung auf die Beziehung fraglich ist. Ja, wie viele Paare wüssten wohl allabendlich nichts mit sich und dem Partner anzufangen, wenn es keinen Fernseher oder Facebook gäbe?! Nur ein freudloser Mensch braucht permanente Unterhaltung.

Gerade im Alltag ist es also wichtig, diejenigen Menschen um sich zu haben, die ähnliche Ziele haben wie du selbst oder die absolutes Verständnis dafür haben, dass du die Zeit für dich nutzen möchtest. Oder die mit dir die Alltagszeit sinnvoll nutzen für Ideen und Neues, für Unternehmungen und gemeinsames Erleben, sodass auch der Alltag ein Highlight bietet und nicht nur ein Montag oder Dienstag ist, sondern ein Lebenstag.

Die sicher knappe (Frei-)Zeit im Alltag will also gut durchdacht und mit den eigenen Prioritäten und den richtigen Menschen gefüllt sein, denn Fakt ist: Auch die Gestaltung der freien Zeit und die Dinge, die den Alltag von morgens bis abends füllen, hast *du,* und nur du, irgendwann so festgelegt.

Es gilt, diesen Schlüssel zur Eigenverantwortung für das eigene Leben nicht nur zu erkennen, sondern auch zu nutzen, Türen abzuschließen und neue aufzuschließen. Und das sowohl für dein Umfeld als auch für alle anderen Bereiche des Lebens, denn am Ende geht es doch immer darum, das bestmögliche Leben zu führen und im ständigen Flow der Veränderung etwas zu beenden und Neues zu beginnen.

#ViolasQuicktipp: Wir alle haben Rechte und Pflichten. Wir alle laufen hier den Lauf unseres Lebens, der aus Pflicht und Kür besteht. Die Kunst ist, auch in der Pflicht die Freude zu erkennen. Und nicht nur die Freude, sondern auch die Pflicht mit einem idealen Umfeld zu teilen, dann wird nämlich auch die Pflicht zur Freude und zum gemeinsamen Erleben.

Genieße den Weg

Viele Menschen schauen immer nur auf das Ziel, auf den Endpunkt, den sie erreichen wollen, und gehen oft, ohne links und rechts zu schauen, möglichst schnell den Weg, der sie dahin bringen soll. Wenn du nur startest, um zu gewinnen, wirst du nicht nur ängstlich und angespannt sein, sondern der Weg wird endlos und beschwerlich erscheinen, weil er zwischen dir und deinem Ziel liegt.

Doch der wahre Erfolg und das wahre Highlight ist nicht das Ziel, sondern »der Weg ist das Ziel«. Daherreden tun das viele, aber die einzelnen Steps, jede Nuance der Veränderung und der Entwicklung bewusst und mit Freude wahrzunehmen und das eigene Wachstum zu fühlen, zu sehen und zu genießen und sich selbst in dem Prozess zu erleben – das tun nur *ganz* wenige. Das bringt ja auch den Genuss an der Sache und Genuss sorgt für Nachhaltigkeit und dafür, dass du am Ball bleibst.

Der schönste Punkt

Vielleicht hat es bei dir auch damit begonnen, dass du dich mit deinem Umfeld oder mit einzelnen Personen – und damit verbunden auch mit deinem Ist-Zustand – nicht mehr wohlgefühlt hast. Vielleicht war das ein nagender Dauerzustand oder es ist etwas wirklich Dramatisches passiert. Und genau dann, kurz nachdem es am blödesten ist, kommt meiner Meinung nach der absolut schönste Punkt: der Breaking Point. An diesem Punkt bist du auch schon nicht mehr wütend, nicht mehr enttäuscht oder sauer. Nein, du hast einfach nur die Schnauze voll! Der Point of no Return! Ab diesem Schlüsselmoment weißt du, dass du so nicht mehr fühlen, denken und handeln möchtest! Es ist der Befreiungsschlag! Und dann ist die Überzeugung da, dass du dein Leben ändern kannst! Ab da beginnt die Phase des Handelns. Nicht wenige Menschen blühen erst mal so richtig auf, nachdem sie ganz unten waren und diesen Punkt erreicht haben.

Ob du an diesem Punkt schon vorher gewesen bist oder durch das Buch eine Ahnung und einen Weg aufgezeigt bekommen hast – freu dich ab jetzt über jeden deiner Schritte, denn am Ende führen sie dich nicht nur zu einem idealen Umfeld, sondern auch immer mehr zu dir selbst und, bedingt durch diese beiden essenziellen Faktoren, auch nach und nach zu einem Upgrade deines Lebens.

Erlebe, spüre und genieße den Prozess

Ich sehe und höre immer wieder, dass diesem Breaking Point, dieser Entscheidung, meist eine große Unzufriedenheit und auch oft ein langer Leidensweg vorausgegangen sind. Lass dich davon nicht entmutigen, schau einfach nach vorn! Blicke nicht zurück, bereue nicht, grübele nicht darauf herum, du kannst nicht mehr ändern, was gewesen ist. Lerne einfach nur aus deinen Fehlern und wiederhole sie nicht – dann war auch diese Phase hilfreich.

Und dann: Belohne dich – das wird viel zu oft vergessen. Halte inne auf deinem Weg, reflektiere kurz und freu dich über das, was du bereits geschafft und verändert hast.

Glaube mir, auch wenn es zu Beginn vielleicht als zu viel erscheint oder dir die einzelnen Schritte nicht einfach vorkommen und es Erfolge und Misserfolge geben wird – je mehr du in diese Veränderung hineingehst, desto mehr wirst du von ganz allein ab einem bestimmten Punkt diesen Prozess immer weiter vorantreiben, eben weil du deine Entwicklung bemerkst. Und irgendwann auch feststellen wirst, dass du wächst.

Und irgendwann wirst du auch feststellen, dass sich gute Wegbegleiter einstellen; plötzlich macht alles noch mehr Sinn und Spaß.

#ViolasQuicktipp: Natürlich ist es schön, das Ziel irgendwann zu erreichen, aber das ist doch am Ende nur eine logische Quintessenz aus den Schritten, die du gegangen bist. Die wahren Vibes und Benefits liegen auf dem Weg.

Das große Finale

Ich hoffe, es hat dir Spaß gemacht, dieses Buch zu lesen.

Die Strategien, Tools und Methoden aus diesem Buch zu übernehmen und deine Handlungsweisen zu verändern, ist relativ einfach. Die wirkliche Arbeit besteht darin, dein Bewusstsein zu verändern. Und genau das ist der Punkt, an dem auch dein Glück beginnt, das Upgrade deines Lebens, denn Glück hat weder mit Macht noch mit Ehrgeiz und Erfolg oder mit Geld zu tun, nein, Glück hat mit deinem Bewusstsein zu tun. Am effektivsten werden sämtliche deiner Unternehmungen sein und am leichtesten werden dir alle Aktivitäten fallen, wenn du dich nicht auf Schritte, Tools und Handlungen konzentrierst, sondern darauf, wer du in diesem Prozess werden willst.

Und ich bin mir sicher, dass du dich durch diesen gesamten Prozess im Ganzen besser und glücklicher fühlen wirst. Schon aus dem Grund, weil wir uns in dem Maße glücklich fühlen, wie wir das Gefühl haben, die Kontrolle über unser Leben zu haben – und die übernimmst du mit all den hier vorgeschlagenen Aktivitäten auf jeden Fall (wieder)!

Ja, es macht Arbeit, wenn du ein Detox von den menschlichen Minuspolen und B- und C-Optionen und negativen Einflüssen vornehmen, ein ideales Umfeld erschaffen und auch noch ein Upgrade deines Lebens erreichen willst. Aber es ist die Art von Arbeit, die dich produktiv hält und inspiriert, die sinnstiftend ist und die dein Leben vergnüglicher und schöner macht.

Und dann wartet doch eine Medaille, eine Auszeichnung auf dich, denn dann belohnt dich das Leben mit: Freude, Gelassenheit, mehr Erfolg, mehr Du-selbst-Sein, mehr Positivität, mehr Flow, mehr Lebensqualität und mit wunderbaren Menschen, die, dich achtend und wertschätzend, an deiner Seite leben.

Der erste Schritt ist immer der entscheidende, denn er ist der Startschuss für alle weiteren Aktionen. Menschen scheitern sehr selten kurz vor dem Ziel, die meisten scheitern schon vor dem Start.

Und wann ist der beste Zeitpunkt, um zu beginnen?

Jetzt! Immer *jetzt*!

Maßnahmen für ein künftig außergewöhnliches Leben

»Investiere so viel in dich selbst, wie du kannst, du bist bei weitem dein wichtigster Vermögenswert«, rät schon Warren Buffett. Wohin die Aufmerksamkeit geht, ist, wohin die Energie fließt und wo sich Ergebnisse zeigen. Deshalb sind Lernen, Lesen und Weiterbildung mein täglich Brot geworden. Das kann ich auch dir nur ans Herz legen. Denn Wissen macht dich sicher, souverän, handlungsfähig, flexibel und unabhängiger. Wissen gibt dir eine andere Selbstsicherheit, ein anderes Selbstbewusstsein, mehr Mut – du traust dir mehr zu. Es eröffnet dir vollkommen neue Perspektiven und Möglichkeiten, die du bisher nicht für möglich gehalten und nicht für dich in Betracht gezogen hast! Und Wissen schafft Eigenständigkeit. Ist es nicht das, was viele Menschen sich wünschen? Mit einem guten Wissen musst du dich nicht mehr auf das (gefährliche) Halbwissen von anderen verlassen.

Aber schau genau, von wem du Tipps annimmst oder etwas lernen möchtest. Ich habe oft erlebt, dass Menschen ihre Nachbarn fragen, wie sie einen Berg besteigen sollen, dass Letztere aber nicht mal einen Führerschein hatten und noch nie im Ausland in Urlaub waren – wenn du meine Metapher verstehst. Ich sehe, dass man Menschen nach Tipps und Lösungen für Probleme fragt, die eher noch größere Probleme haben als der Fragende. Und ich sehe auch Trainer oder selbst ernannte Coaches, die beispielsweise über Erfolg und Geld reden, aber hinter der

Fassade »aus dem letzten Loch pfeifen«. Prüfe also, ob die Menschen, die dir einen Rat geben oder von denen du lernen willst, den Weg, von dem sie erzählen, selbst gegangen sind, schau, ob derjenige wirklich da steht, wo du hinwillst, und ob er bei dem Thema mindestens dreimal so erfolgreich ist wie du.

Genauso wie es Fahrpläne, Flugrouten und Pfade gibt, die dir zeigen, wie du auf einen Berg gelangst, gibt es bewährte Routen und Strategien für ein außergewöhnlich schönes Leben. Du musst nur bereit sein, zuzugreifen, diese zu erlernen und anzuwenden. Das ist der Code zu einem außergewöhnlichen Leben. Dass das funktioniert, haben viele vor dir bewiesen.

Sich für das eigene persönliche Wachstum engagieren und sich Wissen aneignen sowie lebenslanges Lernen – darunter verstehe ich auch das Eigeninteresse, sich selbst für dieses eine Leben richtig gut zu machen. Wir haben nur dieses eine Leben – und da wollen wir doch mal sehen, was alles möglich ist! Oder?

Liebe Grüße
Viola

Die Autorin

Viola Möbius, geboren in Oschersleben, ist Top-Speakerin, zertifizierte Kriminologin, Autorin und Unternehmerin. Über 1000 Vorträge weltweit, 18 Bücher, 250 000 Zuhörer, 61 bereiste Länder und 165 cm geballte Power – das ist Viola Möbius.

Als Kriminologin und Autorin transportiert sie in den Alltag, was hinter Kriminologen und Ermittlern steckt: psychologische und soziologische Aspekte, einzigartiges Wissen, effektive Methoden. Das verbindet Viola Möbius mit mehr als zwei Jahrzehnten als Unternehmerin und mit jahrelangen Erfahrungen mit den Hürden und Tücken des menschlichen Verhaltens und des zwischenmenschlichen Umgangs. Immer mit dem Ziel, Menschen zu befähigen, mehr zu erreichen – deshalb greift sie in ihren Programmen die Themen Persönlichkeitswachstum und Erfolg im Business auf. Ihre Vorträge und Seminare – ob ihre eigenen oder für Unternehmen – sind Edutainment pur.

Auch in den Medien ist Viola Möbius ein gern gesehener Gast, denn sie spricht aus, was sich kaum einer traut, und trifft damit Herz und Verstand der Zuhörer und Leser. Seit 2013 ist sie zudem regelmäßig mehrmals im Jahr mit ihren Programmen und Büchern weltweit auf AIDA-Kreuzfahrtschiffen unterwegs. 2020/2021 hatte sie zudem ihre eigene TV-Sendung, die »Hamburg1 Crime Night«. 2022/2023 wurde sie »Top 100 Unternehmer Excellence Member«.

www.violamoebius.com
www.violamoebius.com/newsletter
Instagram: @violamoebius